Katja Krüger-Stolp

Fachwissen Ernährung und Hauswirtschaft

Arbeitsheft

2. Auflage

Bestellnummer 40576

Bildungsverlag EINS

Die in diesem Produkt gemachten Angaben zu Unternehmen (Namen, Internet- und E-Mail-Adressen, Handelsregistereintragungen, Bankverbindungen, Steuer-, Telefon- und Faxnummern und alle weiteren Angaben) sind i. d. R. fiktiv, d. h., sie stehen in keinem Zusammenhang mit einem real existierenden Unternehmen in der dargestellten oder einer ähnlichen Form. Dies gilt auch für alle Kunden, Lieferanten und sonstigen Geschäftspartner der Unternehmen wie z. B. Kreditinstitute, Versicherungsunternehmen und andere Dienstleistungsunternehmen. Ausschließlich zum Zwecke der Authentizität werden die Namen real existierender Unternehmen und z. B. im Fall von Kreditinstituten auch deren IBANs und BICs verwendet.

Die in diesem Werk aufgeführten Internetadressen sind auf dem Stand zum Zeitpunkt der Drucklegung. Die ständige Aktualität der Adressen kann vonseiten des Verlages nicht gewährleistet werden. Darüber hinaus übernimmt der Verlag keine Verantwortung für die Inhalte dieser Seiten.

service@bv-1.de
www.bildungsverlag1.de

Bildungsverlag EINS GmbH
Ettore-Bugatti-Straße 6-14, 51149 Köln

ISBN 978-3-427-**40576**-4

Inhaltsverzeichnis

1 Versorgungsaufgaben in der Kinderpflege – „Was ist zu tun?"

Hauswirtschaftliche Tätigkeiten

Für Kinderpflegerinnen und Sozialassistenten gehören neben den erzieherischen und pflegerischen Aufgaben auch hauswirtschaftliche Tätigkeiten zur täglichen Arbeit.

Die hauswirtschaftlichen Tätigkeiten lassen sich in drei Arbeitsbereiche unterteilen:

1. Verpflegung

2. Ordnungs- und Reinigungsarbeiten

3. Raum- und Textilgestaltung

Ordnen Sie die folgenden Tätigkeiten den drei hauswirtschaftlichen Bereichen zu, indem Sie die richtigen Zahlen in die Kreise eintragen.

Den Tisch für die Weihnachtsfeier im Kindergarten gestalten ○
Warenvorräte im Küchenlager prüfen ○
Küchenschürzen für die Kinder nähen ○
Speiseplan für das Mittagessen für die kommende Woche erstellen ○
Sortieren der Küchenwäsche und deren Vorbereitung zum Waschen ○
Mit den Kindern den Vespertisch decken ○
Ausgerissene Aufhänger an Geschirrtüchern annähen ○
Mit den Kindern Tischsets basteln ○
Gemüsegrundbrühe für einen Eintopf vorbereiten ○
Frühstücksgeschirr reinigen ○
Mit Kindern Osterbrot backen ○
Waren für die Frühstücksversorgung bestellen ○
Kräutertöpfchen bepflanzen ○
Gefriergeräte und Kühlschrank in der Kindergartenküche abtauen und gründlich reinigen ○
Wareneinsatz für den Kuchenbasar zum Kitafest planen und berechnen ○
Obstspieße mit süßem Dip für den Nachmittagsimbiss vorbereiten ○
Speiseraum aufräumen und wischen ○
Angeliefertes Essen aufbereiten und austeilen ○

2 Eine Einführung in das Thema Ernährung

Grundbedürfnisse von Kindern

Die Ernährung gehört zu den körperlichen Grundbedürfnissen eines Kindes und ist wesentlich für eine gesunde Entwicklung.

1. Finden Sie weitere körperliche Grundbedürfnisse und ergänzen Sie die Beispiele.

- Ernährung
  - ____________________________
  - ____________________________
  - ____________________________
- ____________________________
  - Zähne putzen
  - ____________________________
  - ____________________________
- ____________________________
  - Vorsorgeuntersuchung
  - ____________________________
  - ____________________________
- ____________________________
  - Mittagsschlaf und Nachtruhe
  - ____________________________
  - ____________________________
- ____________________________
  - Sichere Spielgeräte und Räume
  - ____________________________
  - ____________________________

2. Fügen Sie die folgenden Begriffe richtig in die Erklärungen ein: Ernährung – Essen – Trinken.

Unter __________________ verstehen wir die dem Bedarf eines Menschen angepasste Zufuhr von Nährstoffen über Lebensmittel.

__________________ sind die praktischen, alltäglichen Handlungen zur Aufnahme von Nahrung.

3 Grundlagen der Ernährungslehre – „Was braucht der Körper?"

3.1 Welche Inhaltsstoffe sind in unserer Nahrung? Ein Überblick

Als Nahrung bezeichnen wir alle festen und flüssigen Lebensmittel. Sie enthalten in unterschiedlicher Zusammensetzung und Menge die Nährstoffe, die der menschliche Körper zum Wachsen und Funktionieren benötigt.

1. Suchen Sie in dem Buchstabengitter nach Nährstoffen und ihren Aufgaben sowie nach Lebensmittelgruppen, die einen entsprechenden Nährstoff vorrangig enthalten. Insgesamt sind 21 Begriffe zu finden. Tragen Sie diese auf der folgenden Seite ein.

E	I	W	E	I	S	S	F	G	H	J	L	O	P	Ü	L	W	S	K
M	N	B	T	M	N	H	Z	T	R	B	M	J	R	T	Ü	F	Ö	O
T	F	A	R	K	R	H	E	W	B	A	Ö	Q	W	M	I	L	C	H
M	U	B	A	U	B	C	X	Y	T	U	Ö	Ä	Q	W	E	E	N	L
H	M	K	N	L	O	G	E	M	Ü	S	E	Ö	Q	W	E	I	L	E
Ü	E	J	S	M	L	H	Z	E	R	T	N	A	S	D	S	S	Ö	N
L	F	K	P	Q	W	E	R	T	U	O	E	O	B	S	T	C	F	H
S	F	K	O	D	F	G	H	J	K	F	R	H	J	L	O	H	R	Y
E	O	L	R	E	R	V	V	B	M	F	G	T	O	W	F	D	S	D
N	T	Ö	T	T	Z	I	V	N	M	T	I	G	A	L	F	F	V	R
F	S	D	M	F	E	T	T	E	G	U	E	S	G	M	W	R	E	A
R	T	W	I	F	R	A	R	T	E	H	S	F	H	N	E	T	R	T
Ü	S	R	T	G	E	M	J	Z	T	E	P	G	K	B	C	G	D	E
C	A	V	T	Z	H	I	K	I	R	H	E	H	L	V	H	H	A	E
H	L	B	E	U	J	N	L	Ü	E	J	I	T	Ö	C	S	J	U	R
T	L	N	L	I	N	E	Ö	Ä	I	K	C	E	Ä	X	E	K	U	G
E	A	R	T	H	M	M	W	E	D	L	H	R	M	X	L	L	N	H
G	B	E	W	E	G	U	N	G	E	M	E	S	N	Y	D	Ö	G	J
H	D	F	H	J	K	Ö	E	K	N	Ä	R	T	E	G	E	Ä	J	K
J	E	R	E	F	F	O	T	S	L	A	R	E	N	I	M	M	H	L

Gefundene Begriffe:

_______________ _______________ _______________
_______________ _______________ _______________
_______________ _______________ _______________
_______________ _______________ _______________
_______________ _______________ _______________
_______________ _______________ _______________
_______________ _______________ _______________

2. Ordnen Sie die gefundenen Begriffe in der Tabelle richtig zu (Spalten 1–3).
3. Schreiben Sie zu jeder Lebensmittelgruppe drei Ihnen bekannte Lebensmittelbeispiele auf (Spalte 4).

Nährstoff	Aufgabe in unserem Körper	Lebensmittelgruppe	Lebensmittelbeispiel

3.2 Energie – „Motor des Lebens“

Rund um die Uhr benötigt unser Körper für alle Lebensvorgänge Energie. Über die Nahrung müssen wir diese wieder aufnehmen.

1. ***Vervollständigen Sie die folgenden Aussagen zum Energiebedarf, indem Sie die fehlenden Begriffe in die Wortkästen einsetzen. Die bereits eingetragenen Buchstaben helfen Ihnen dabei.***
2. ***Wenn Sie die markierten Buchstaben zusammenfügen, finden Sie die Antwort zu Aufgabe 3.***

1. Auch während wir schlafen oder uns ausruhen, müssen z. B. Atmung, Körpertemperatur und Herzschlag aufrechterhalten werden. Die Energie, die der Körper für solche Aufgaben verbraucht, bezeichnet man als

				D						

2. Da wir nicht den ganzen Tag schlafen, benötigen wir zusätzlich Energie für sämtliche körperlichen und geistigen Aktivitäten: beim Spiel, bei der Arbeit, während wir lernen. Dies ist der sogenannte

			S											

3. Beides zusammen ergibt den

					T								B					

4. Der Energiebedarf jedes Einzelnen hängt von vielen Faktoren ab: vom Geschlecht, vom Alter, von Größe und Veranlagung. Den größten Einfluss auf den Energiebedarf hat jedoch die

	Ö									

A								

5. Die Energie, die wir verbrauchen, müssen wir über die Nahrung wieder aufnehmen. Drei Nährstoffe in der Nahrung liefern diese notwendige Energie: Fett, Eiweiß und

				E							

6. Halten sich Energieaufnahme und Energieverbrauch die Waage, spricht man von einer ausgeglichenen

							B					

7. Die Maßeinheit für Nahrungsenergie, also die Energie, die in einem Lebensmittel steckt, wird angegeben in Kilojoule oder

				K					I	

3. ***Wofür ist das Verhältnis von Energieaufnahme und Energieverbrauch entscheidend?***

Für das

		W				

Energielieferanten

Die drei Energie liefernden Nährstoffe in unserer Nahrung werden auch als Grundnährstoffe bezeichnet.

1. *In welchem Mengenverhältnis sollte ein gesunder Mensch diese drei Nährstoffe täglich zu sich nehmen?*

   Kohlenhydrate ____________ %

   Fett ____________ %

   Eiweiß ____________ %

2. *Stellen Sie das optimale Verhältnis im Kreisdiagramm dar.*

3. *Kennzeichnen Sie die Nährstoffe farbig:*
   Kohlenhydrate = grün
   Fett = gelb
   Eiweiß = rot

4. *Wie hoch ist der Energiegehalt unserer Grundnährstoffe?*

   1 g Kohlenhydrate liefert dem Körper ____________ kcal

   1 g Fett liefert dem Körper ____________ kcal

   1 g Eiweiß liefert dem Körper ____________ kcal

5. *Ein 19-jähriges Mädchen hat einen Gesamtenergiebedarf von etwa 2 200 kcal.*
   Berechnen Sie die optimale Zufuhr an Kohlenhydraten und Fett in Gramm für dieses Mädchen.

3.3 Kohlenhydrate – Energie für den Tag

Kohlenhydrate sind die Hauptenergielieferanten für den menschlichen Organismus.

1. Ergänzen Sie die wichtigsten Fakten zu diesem Nährstoff. Setzen Sie dazu die folgenden Begriffe richtig ein:
langsamer – Herztätigkeit – Einfachzucker – Stärke – Glukose – Nervenzellen – gleichmäßiger – Fruktose – Saccharide – Körpertemperatur – Saccharose – Fett – Laktose – Glykogen – Atmung

Kohlenhydrate bestehen aus einem oder mehreren Zuckerbausteinen. Man nennt sie deshalb auch ______________________.

Nach der Anzahl der Zuckerbausteine unterscheidet man:

- Einfachzucker, z. B.:
  - ______________
  - ______________
- Zweifachzucker, z. B.:
  - ______________
  - ______________
- Vielfachzucker, z. B.:
  - ______________
  - ______________

Kohlenhydrate dienen der Energiegewinnung. Die Energie braucht der Körper für die Versorgung der ______________, für die Regulierung der ______________ sowie die Aufrechterhaltung von ______________ und ______________.

Im Körper müssen alle Kohlenhydrate, die aus mehreren Zuckerbausteinen bestehen, in ______________ zerlegt werden. Nur so sind sie für unseren Körper nutzbar.

Je mehr Bausteine ein Kohlenhydrat hat, desto ______________ wird es durch die Darmwand ans Blut abgegeben und desto ______________ ist die Energiezufuhr.

Überschüssige Kohlenhydrate werden in Muskeln und Leber als Energiereserve gespeichert. Sind die Speicher voll, werden sie zu ______________ umgewandelt.

Mindestens vier Fünftel der täglichen Kohlenhydratmenge sollten in Form von Stärke und weniger als ein Fünftel in Form einfacher Zucker mit der Nahrung aufgenommen werden.

2. Ordnen Sie folgende Lebensmittel nach ihrem Kohlenhydratgehalt richtig zu:
Reis – Haushaltzucker – Brot – Linsen – Weintrauben – Cola – Apfelsaft – Kartoffeln – Honig – Mehl.

- Viele einfache Zucker:
  - ______________
  - ______________
  - ______________
  - ______________
  - ______________
- Viel Stärke:
  - ______________
  - ______________
  - ______________
  - ______________
  - ______________

3.4 Fett – die Energiereserve

Fett ist ein wichtiger Grundnährstoff.

1. Wozu braucht der Körper Fett? Suchen Sie im Wörtersuchrätsel acht Begriffe und vervollständigen Sie mit diesen die nachfolgend aufgeführten wichtigsten Aufgaben von Fett in unserem Körper.

P	W	R	T	Z	U	I	I	O	P	Ü	Ü	P	O	I	Z
O	G	H	J	K	K	Ö	R	P	E	R	Z	E	L	L	E
L	K	L	J	G	U	U	H	G	F	D	S	N	Ä	Ö	L
S	F	G	H	N	N	B	V	C	X	Y	Y	E	V	B	G
T	N	A	R	E	F	E	I	L	E	I	G	R	E	N	E
E	M	N	B	R	G	H	J	K	G	F	D	G	I	U	S
R	G	H	J	U	E	V	B	N	M	V	B	I	K	J	C
F	N	B	V	Ä	C	N	F	G	H	J	K	E	K	L	H
U	S	D	A	S	F	G	I	H	J	K	L	R	Ö	Ä	M
N	G	F	D	T	D	F	G	M	K	L	Ö	E	G	H	A
K	V	B	N	T	M	N	B	V	A	V	C	S	D	G	C
T	G	H	H	E	K	L	J	H	G	T	N	E	K	L	K
I	B	**A**	**U**	**F**	**G**	**A**	**B**	**E**	**N**	Q	I	R	Ü	Ü	S
O	N	M	N	I	Z	T	R	E	W	Q	W	V	R	T	S
N	M	**V**	N	B	**F**	V	F	R	E	T	Z	E	U	H	T
I	S	**O**	L	I	**E**	R	S	C	H	**I**	C	H	T	L	O
Ö	L	**N**	L	K	**T**	J	H	G	F	**M**	F	D	R	Z	F
N	M	B	G	F	**T**	Z	T	R	E	R	T	Z	U	I	F
Ö	L	K	J	H	G	F	**K**	**Ö**	**R**	**P**	**E**	**R**	F	D	E

1. Fett ist ein wichtiger ______________________________ für unseren Körper.
2. Fett dient als ______________________________, wenn wenig Nahrung zur Verfügung steht.
3. Fett ist Träger von essenziellen ______________________________, die der Körper nicht selbst bilden kann.
4. Fett transportiert fettlösliche ______________________________, die an vielen Stoffwechselvorgängen in unserem Körper beteiligt sind.
5. Fett ist mitbestimmend für die Körpertemperatur, es bildet unter der Haut eine ______________ ______________________________.

6. Diese dünne Fettschicht schützt darüber hinaus Muskeln, Nerven und Organe und übernimmt damit ______________________.
7. Als Strukturmaterial ist Fett wichtiger Bestandteil jeder ______________________.
8. Nicht zuletzt sorgen Fette als Träger von ______________________ für den Genuss beim Essen.

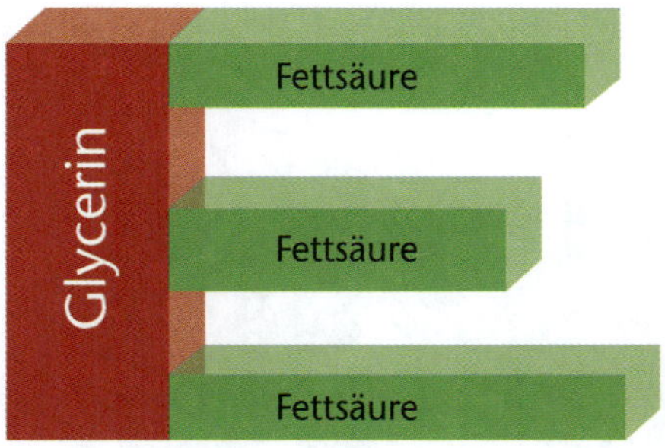

Jedes Fett ist aus vier Komponenten aufgebaut: aus einem Glycerinmolekül und drei Fettsäuren. Diese bestehen aus einer aneinandergereihten Kette von Kohlenstoffatomen.

Wichtigstes Unterscheidungsmerkmal der einzelnen Speisefette ist ihr Gehalt an den drei Fettsäuren und deren Kettenlänge. Für eine gesunde Ernährung ist die richtige Kombination dieser Fettsäuren innerhalb der Gesamtfettzufuhr wichtig.

2. Vervollständigen Sie den Lückentext, indem Sie die Fettsäuren entsprechend ihrem im Text beschriebenen Aufbau identifizieren. Tragen Sie in den Lückentext jeweils ein weiteres Beispiel für ein Speisefett ein, das viel der jeweiligen Fettsäure enthält.

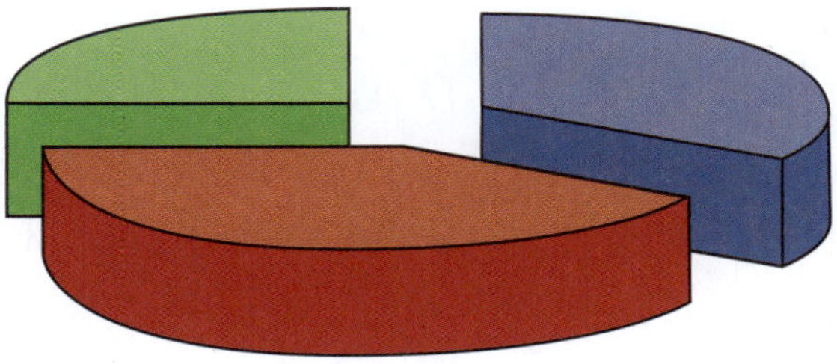

■ ______________________ Fettsäuren: nur Einfachbindungen zwischen den Kohlenstoffatomen, z. B. in Butter und ______________________.

■ ______________________ Fettsäuren: eine Doppelbindung zwischen den Kohlenstoffatomen, z. B. in Olivenöl und ______________________.

■ ______________________ Fettsäuren: mehr als eine Doppelbindung innerhalb der Kohlenstoffkette, z. B. in Sonnenblumenöl und ______________________.

Auch für die küchentechnischen Eigenschaften von Speisefetten sind der Anteil der Fettsäuren und die Länge der Kohlenstoffketten von Bedeutung.

3. Vervollständigen Sie folgende Aussagen. Fügen Sie die Adjektive länger – schneller – höher richtig ein.

Je mehr ungesättigte Fettsäuren ein Speisefett enthält, desto ______________________ verdirbt es.

Speisefette mit vielen gesättigten Fettsäuren lassen sich ______________________ erhitzen.

Je länger die Kohlenstoffkette einer Fettsäure, desto ______________________ bleibt das Fett bei steigenden Temperaturen fest.

3.5 Eiweiß – Baustein des Lebens

Eiweiß ist der elementare Baustein aller lebenden Organismen und ein weiterer wichtiger Grundnährstoff für den Menschen.

1. Vervollständigen Sie das Grundwissen zum Nährstoff Eiweiß. Die Zahlenkombinationen helfen Ihnen dabei.

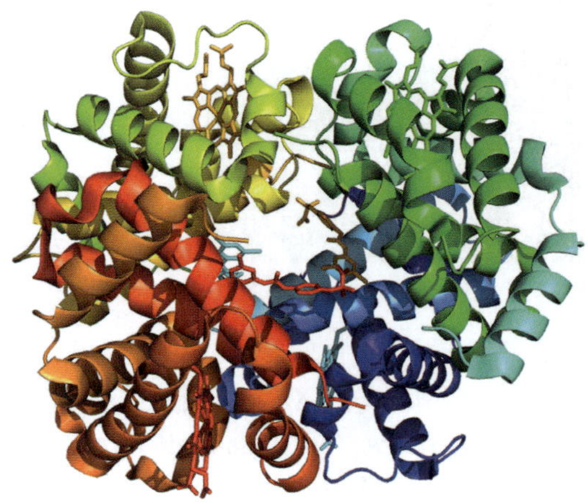

1. __ __ __ __ __ __ __ __ __ __ __ __
1 13 7 4 11 10 1 3 19 6 3 4

2. __ __ __ __ __ __ __ __ __ __
3 10 10 3 4 9 7 3 12 12

3. __ __ __ __ __ __ __ __ __ __ __
2 1 19 13 1 9 3 6 7 1 12

4. __ __ __ __ __ __ __
3 4 20 16 13 3 4

5. __ __ __ __ __ __ __ __ __ __ __
1 4 9 7 17 11 3 6 15 3 6

6. __ __ __ __ __ __ __ __ __ __
10 1 19 3 6 10 9 11 14 14

7. __ __ __ __ __ __ __ __ __ __ __ __ __ __ __ __
3 4 3 6 5 7 3 5 3 8 7 4 4 19 4 5

8. __ __ __ __ __ __ __ __ __ __ __   __ __ __ __ __ __ __ __ __ __
2 7 11 12 11 5 7 10 21 18 3   8 3 6 9 7 5 17 3 7 9

9. __ __ __ __ __ __ __ __ __ __ __
13 19 9 9 3 6 13 7 12 21 18

1. Grundbausteine aller Eiweiße sind die ____________________.
2. Acht von ihnen kann der Körper nicht selbst herstellen, sie müssen mit der Nahrung aufgenommen werden. Man nennt sie deshalb auch ____________________ = lebensnotwendig.
3. Eiweiße liefern das ____________________ für Muskeln, Knochen, Haut, Haare, Organe und Blut.
4. Eiweiße sind Bestandteil von Hormonen und ____________________, die Körperfunktionen regeln.
5. Auch die Schutzstoffe des Immunsystems, die sogenannten ____________________, bestehen aus Eiweiß.
6. Eiweiße transportieren verschiedene Nährstoffe und ____________________.
7. Das überschüssige Eiweiß verwendet der Körper zur ____________________.

8. Je ähnlicher das Nahrungseiweiß in seiner Zusammensetzung dem körpereigenen Eiweiß ist, desto besser kann es der Mensch verwerten. Ausgedrückt wird das mit der ____________________ ____________ eines Nahrungseiweißes.
9. Am höchsten ist diese mit 100 % bei der ________________.

2. Sowohl pflanzliche als auch tierische Lebensmittel enthalten Eiweiß. Ordnen Sie folgende Lebensmittel entsprechend ihrem Eiweißgehalt einer der drei Kategorien zu:
Geflügel – Speiseöl – Zucker – Fisch – Quark und Käse – Kartoffeln – Möhren – Brot – Äpfel und Birnen – Haferflocken – Milch und Joghurt – Eier – Tee – Butter – Linsen – Honig.

- Viel Eiweiß:
  - ____________
  - ____________
  - ____________
  - ____________
  - ____________
  - ____________
- Wenig Eiweiß:
  - ____________
  - ____________
  - ____________
  - ____________
  - ____________
  - ____________
- Kein Eiweiß (Spuren):
  - ____________
  - ____________
  - ____________
  - ____________
  - ____________
  - ____________

Wenn man die Eiweiß enthaltenden Lebensmittel sinnvoll kombiniert, erreicht man eine hohe biologische Wertigkeit des aufgenommenen Nahrungseiweißes. In einer gesunden Ernährung sollte man seinen täglichen Eiweißbedarf zu zwei Dritteln aus pflanzlichen und zu einem Drittel aus tierischen Eiweißquellen decken.

3. Kombinieren Sie die folgenden Lebensmittel sinnvoll und schreiben Sie jeweils ein bekanntes Gericht des Alltags hinzu. Nutzen Sie das Beispiel als Hilfestellung.
Milch – Kartoffeln – Hülsenfrüchte – Milchprodukte – Fleischerzeugnisse – Getreide – Ei

Lebensmittelkombination	Praktische Gerichte
Kartoffeln und Milch	Kartoffelgratin, Kartoffelbrei

3.6 Wasser – Lebensquelle

Der größte Teil unseres Körpers besteht aus Wasser, diese Wassermenge sollte stets gleich sein. Da wir jedoch ständig Wasser umsetzen und ausscheiden, müssen wir unserem Körper täglich eine Mindestmenge an Flüssigkeit wieder zuführen.

1. Wie viel Prozent Wasser entfallen auf das Körpergewicht eines

a) Säuglings: ______________________

b) Kindes: ______________________

c) erwachsenen Menschen: ______________________

2. Welche Aufgaben übernimmt Wasser in unserem Körper?

① ______________________ ③ ______________________

② ______________________ ④ ______________________

3. Ergänzen Sie die ausgeglichene Wasserbilanz eines Tages für einen gesunden Erwachsenen.

Zufuhr ⇨		⇨ **Ausscheidung**	
Liter gesamt	________	Liter gesamt	________
Liter über Getränke	________	Liter über Darminhalt	________
Liter über feste Lebensmittel	________	Liter über den Urin	________
Liter über Nährstoffabbau	________	Liter über die Haut	________
		Liter über die Lunge	________

4. Der menschliche Körper ist kein Wasserspeicher. Für den täglichen Flüssigkeitsbedarf können wir also den Wasseranteil des Körpers nicht nutzen. Welche Folgen können auftreten, wenn wir nicht täglich eine Mindestmenge an Wasser über die Nahrung aufnehmen?

- ______________________
- ______________________
- ______________________
- ______________________
- ______________________
- ______________________

5. Unter welchen Umständen sollten wir besonders viel trinken?

- ______________________
- ______________________
- ______________________
- ______________________

3.7 Vitamine – die Fitmacher

Vitamine sind unverzichtbare Wirkstoffe in unserem Körper. Sie sind an zahlreichen Stoffwechselprozessen beteiligt. Jedes Vitamin erfüllt dabei bestimmte Aufgaben.

Vervollständigen Sie die folgende Tabelle zur Bedeutung und zu den Aufgaben ausgewählter Vitamine.

Vitamine	Lebensmittelbeispiele	Aufgaben im Körper	Mangelerscheinungen
	Innereien, Eigelb und Käse, Möhren, Spinat, Paprika, Aprikosen		Nachlassende Sehkraft, Wachstumsverzögerungen
D		Festigung des Knochengerüstes	
B	B1: B2: B6:	Energievitamine: Sie unterstützen die Energiefreisetzung aus Eiweiß, Kohlenhydraten und Fett	B1: B2: B6:
Folsäure			Fehlbildungen am ungeborenen Kind, Müdigkeit
		Stärkt das Immunsystem Aufbau und Erhaltung von Bindegewebe Fördert die Eisenverwertung	

3.8 Mineralstoffe – kleine Kraftpakete

Mineralstoffe sind Bau- und Wirkstoffe, die nur in kleinen Mengen benötigt werden. Sie sind unentbehrlich für den reibungslosen Ablauf vieler Stoffwechselprozesse in unserem Körper und für ein gesundes Wachstum.

Lösen Sie das Mineralstoff-Quiz. Kreuzen Sie die jeweils richtige Antwort an.

Welcher der folgenden Mineralstoffe ist ein Mengenelement, von dem bis zu 1000 mg täglich benötigt werden?
○ Eisen
○ Kalzium
○ Jod

In welcher Lebensmittelgruppe sind besonders viele Mineralstoffe zu finden?
○ Obst
○ Speisefette und -öle
○ Gemüse

Welche Funktion übernimmt der Mineralstoff Kalzium in unserem Körper?
○ Blutbildung
○ Aufbau der Nerven
○ Aufbau der Knochen

Welcher Mineralstoff ist Baustein des roten Blutfarbstoffes, das den Sauerstoff in die Zellen transportiert?
○ Eisen
○ Magnesium
○ Phosphor

Zu welchen sichtbaren Veränderungen führt ein Jodmangel?
○ Kropf
○ Schwellung der Gelenke
○ Blasse Haut

Wovor schützt Fluorid?
○ Vor Rachitis
○ Vor Karies
○ Vor Skorbut

Welche zwei Mineralstoffe regeln im Zusammenspiel den Wasserhaushalt im Körper?
○ Natrium und Phosphor
○ Kalium und Phosphor
○ Natrium und Kalium

Welcher Mineralstoff fehlt, wenn ein Mensch unter Muskelkrämpfen leidet?
○ Fluorid
○ Magnesium
○ Phosphat

Warum sollten wir Gemüse in wenig Wasser garen?
○ Wenig Auslaugverluste der Mineralstoffe
○ Mineralstoffe müssen gelöst werden
○ Mineralstoffe sind sonst unverdaulich

Welcher Mineralstoff ist in großen Mengen in Obst zu finden?
○ Kalzium
○ Kalium
○ Eisen

Natriumüberschuss kann zu erhöhtem Blutdruck führen. Welches Würzmittel ist besonders natriumreich?
○ Pfeffer
○ Paprika
○ Salz

Mit welchen Lebensmitteln decken wir einen Großteil unseres Kalziumbedarfs?
○ Geflügel und Eier
○ Milch und Milchprodukte
○ Kartoffeln und Getreideprodukte

Welche zwei wichtigen Mineralstoffe liefert Seefisch?
○ Kalzium und Eisen
○ Kupfer und Selen
○ Jod und Fluorid

3.9 Ballaststoffe machen den Darm fit

Ballaststoffe sind sogenannte nicht verwertbare Kohlenhydrate, da sie unverdaulich sind. Auch wenn sie für uns keinen Nährwert haben, übernehmen sie wichtige Funktionen.

1. Ermitteln Sie jeweils das Lösungswort und übertragen Sie es in die Kästchen.

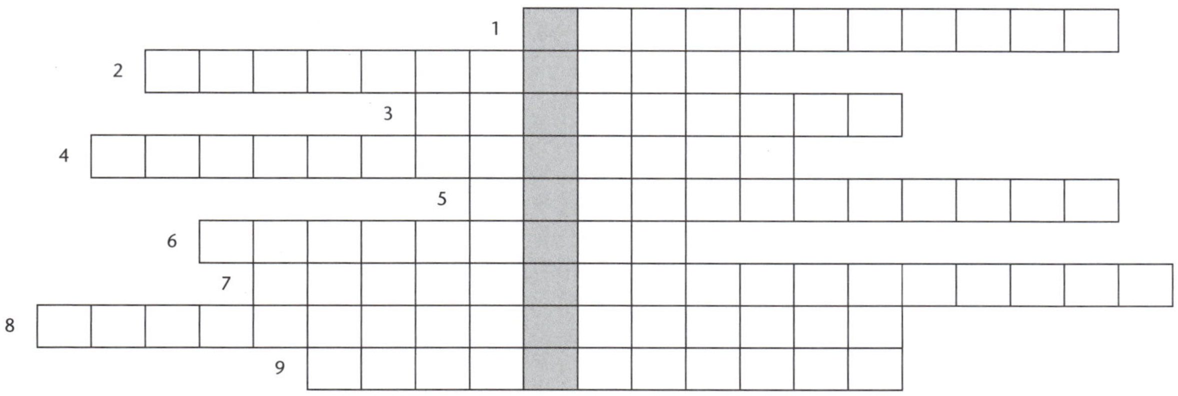

1. Ballaststoffe fördern den Abtransport von Nahrungsresten und verhindern so ______________________________ .
2. Sie binden überschüssiges ______________________ und entsorgen es. So schützen sie vor Einengung der Arterien und den damit verbundenen Herz-Kreislauf-Erkrankungen.
3. Ballaststoffe dienen wichtigen Darmbakterien als Nahrung. Sie fördern somit eine gesunde ______________________ .
4. Die Bindung und der Abtransport giftiger ______________________ verhindern Dickdarmkrebs.
5. Mit ihrer festen Struktur regen sie als Bestandteil pflanzlicher Lebensmittel die ______________________________ an.
6. Das verlängert die Dauer der Mahlzeit und die ______________________ setzt eher ein als bei ballaststoffarmer Kost.
7. Ballaststoffe verlangsamen Abbau und Aufnahme von Kohlenhydraten, halten so den ______________________ konstant und sorgen für eine gleichmäßige Energieversorgung.
8. Die positive Wirkung der Ballaststoffe beugt vielen weiteren ______________________ vor.
9. Das größere Nahrungsvolumen ballaststoffreicher Lebensmittel senkt die Energieaufnahme und bewahrt vor ______________________ .

Das grau hinterlegte Wort beantwortet die Frage:
Was verbessern Ballaststoffe?

Die

In einer gesunden Ernährung werden für Erwachsene etwa 30 g Ballaststoffe pro Tag empfohlen, für Kinder täglich etwa 10 g pro 1 000 kcal.

2. Beantworten Sie folgende Fragen zur ausgewogenen Ernährung.

1. Warum muss bei ballaststoffreicher Ernährung ausreichend getrunken werden?

2. Welche Auswirkungen kann eine ballaststoffarme Ernährung haben?

3. Welche Lebensmittel sind besonders ballaststoffreich? Nennen Sie Beispiele.

3.10 Stoffwechsel der Hauptnährstoffe

Um die Nährstoffe aus unseren Nahrungsmitteln nutzen zu können, muss der Körper sie aus diesen herauslösen und in ihre Grundbausteine zerlegen. An diesem Vorgang sind eine ganze Reihe Organe beteiligt.

1. Benennen Sie die in der Zeichnung dargestellten Verdauungsorgane.

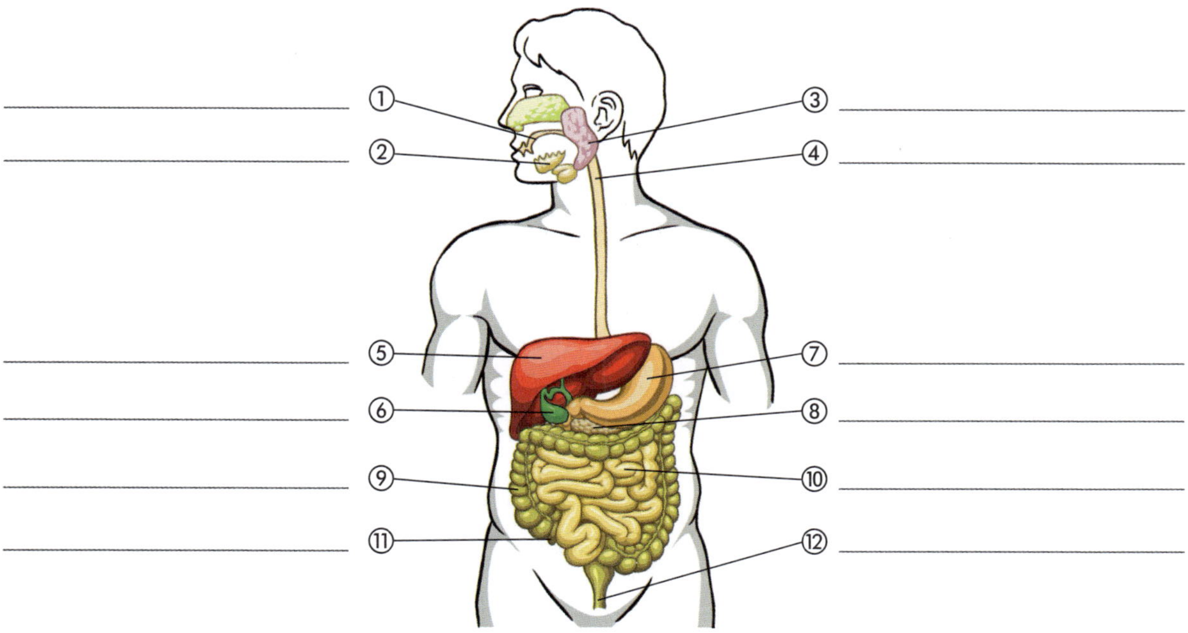

2. Bringen Sie die wichtigsten Vorgänge der Verdauung in die richtige Reihenfolge, indem Sie sie den einzelnen Organen in der Tabelle zuordnen. Tragen Sie die richtige Nummer unter „Aufgabe" ein.

① Die Nahrung wird weiter zerkleinert, vermischt und krankheitserregende Bakterien im Nahrungsbrei werden abgetötet. Verschiedene Enzyme bauen das Nahrungseiweiß ab.

② Hier wird die Nahrung aufgenommen, zerkleinert, verflüssigt und weitertransportiert. Mithilfe des Enzyms Amylase beginnt die Kohlenhydratverdauung. Es zerlegt Stärke in kleinere Zuckerketten.

③ Dieses Organ nimmt alle unverdaulichen Stoffe auf und transportiert sie schließlich aus dem Körper ab.

④ Mithilfe verschiedener Verdauungssäfte werden hier Kohlenhydrate, Fette und Eiweiße in ihre resorbierbaren Bausteine zerlegt. Nutzbare Nahrungsbestandteile werden an die Blutbahn weitergegeben und von hier aus in die Körperzellen transportiert.

Verdauungsorgan	Aufgabe	Verdauungsorgan	Aufgabe
Mund und Speiseröhre		Dünndarm	
Magen		Dickdarm	

4 Kleine Lebensmittelkunde

4.1 Die Lebensmittelgruppen

Um die Nährstoffe, die unser Körper benötigt, zu erhalten, nehmen wir Nahrung in Form verschiedener Lebensmittel zu uns. Die wichtigsten Lebensmittel kann man entsprechend der Hauptnährstoffe, die sie liefern, in sieben Gruppen einteilen.

Vervollständigen Sie die folgenden Steckbriefe der sieben Lebensmittelgruppen.
Tragen Sie jeweils den Namen der Lebensmittelgruppe ein. Finden Sie Lebensmittelbeispiele.
Ordnen Sie die Hauptnährstoffe der richtigen Lebensmittelgruppe zu. Übertragen Sie dazu die Inhaltsstoffe aus den jeweiligen Inhaltsstoffkarten (siehe S. 23 unten) in den passenden Steckbrief.

Steckbriefe der Lebensmittelgruppen
Inhaltsstoffkarten

Name: ____________________

Inhaltsstoffe: ____________________

____

Beispiele: ____________________

____

Name: ____________________

Inhaltsstoffe: ____________________

____

Beispiele: ____________________

____

Name: ____________________

Inhaltsstoffe: ____________________

____

Beispiele: ____________________

____

Name:

Inhaltsstoffe:

Beispiele:

Name:

Inhaltsstoffe:

Beispiele:

Name:

Inhaltsstoffe:

Beispiele:

Name:

Inhaltsstoffe:

Beispiele:

Fett, fettlösliche Vitamine

Vitamine, Mineralstoffe, Ballaststoffe, Eiweiß

Vitamine, Ballaststoffe, Kohlenhydrate

Kohlenhydrate, Ballaststoffe, Mineralstoffe, Eiweiß, Vitamin B_1

Eiweiß, Kalzium, B-Vitamine

Fett, Eiweiß, Eisen, B_{12}

Wasser

4.2 Getränke

Mit Getränken versorgen wir unseren Körper täglich mit notwendiger Flüssigkeit. Dabei sollten wir auf die Qualität der Getränke achten. Nicht jedes Getränk ist zum Durstlöschen geeignet.

1. *Wenn Sie die folgenden Silben richtig ins Buchstabengitter einsetzen, erhalten Sie die Namen der beschriebenen Getränke bzw. Begriffe:*

   OFF – AST – FEN – KAFF – ROM – SMO – IE – WAS – GUR – TEE – MI – KE – SE – BOHN – OT – HEL – SCHO – KAO – SAF – TAR – OLA – TE – EI

Fruchtshake, der fertig zu kaufen ist: ______________________

Es steht als Getränk in der Regel immer zur Verfügung: ______________________

Dieses Getränk hat bis zu 50 % Fruchtanteil: ______________________

Getränk mit einem Fruchtanteil von 100 %: ______________________

Eine Zutat in der Brause: ______________________

Mischung aus Saft und Wasser: ______________________

Sie wird getrunken und gehört doch nicht zu den Getränken: ______________________

Ein energiereiches und anregendes Getränk: ______________________

Ohne Zucker zubereitet gilt er als Erfrischungsgetränk: ______________________

Anregendes Aufgussgetränk: ______________________

Ein Kräutertee, der beruhigend und krampflösend wirkt: ______________________

Daraus stellt man ein Aufgussgetränk und Süßigkeiten her: ______________________

Wasserreiches festes Lebensmittel: ______________________

2. Ordnen Sie alle Getränke, die Sie im Rätsel finden, in die Tabelle ein. Begründen Sie Ihre Wahl kurz.

Zum Durstlöschen geeignet	Zum Durstlöschen weniger geeignet	Zum Durstlöschen für Kinder ungeeignet

4.3 Getreide, Getreideprodukte und Kartoffeln

Getreide, Produkte daraus und Kartoffeln zählen zu unseren Grundnahrungsmitteln. Sie liefern uns in Form von Stärke notwendige Energie und darüber hinaus Vitamine, Mineralstoffe, Ballaststoffe und pflanzliches Eiweiß.

Getreide

Ob Weizen, Reis oder Hafer – jedes Getreidekorn ist ähnlich aufgebaut. Je mehr Bestandteile des Kornes wir nutzen, desto mehr verschiedene Nährstoffe erhalten wir.

1. Beschriften Sie die Bestandteile des Getreidekorns. Geben Sie die zugehörigen Nährstoffe an.

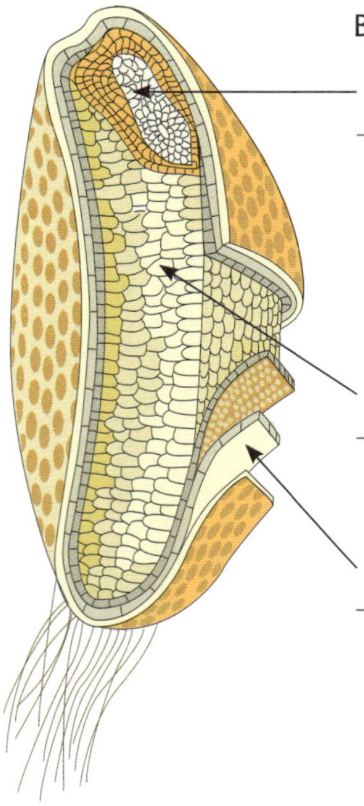

Bestandteile des Getreidekorns	enthaltene Nährstoffe
______________________	______________________
	______________________
	______________________
	______________________
______________________	______________________
	______________________
______________________	______________________
	______________________
	______________________
	______________________

2. Warum sind Produkte aus dem vollen Korn wertvoller für unsere Ernährung? Nennen Sie mindestens drei Fakten.

____

____

____

____

____

____

____

____

3. In der folgenden Tabelle finden Sie Abbildungen der Getreidearten. Benennen Sie die Getreide. Ergänzen Sie die Tabelle um Produkte, die aus dem jeweiligen Getreide hergestellt werden.

Getreideähre	Getreidekorn	Getreideprodukte

Kartoffeln

Wie Getreide liefert die Kartoffel viel Stärke und gehört regelmäßig auf unseren Speiseplan. Richtig zubereitet sind Kartoffeln reich an Vitamin C, kalorienarm, leicht verdaulich und sehr sättigend. Bei bestimmten Zubereitungen und Produkten steigt jedoch ihr Energiegehalt.

1. Geben Sie vier Tipps für die nährstoffschonende Vor- und Zubereitung von Kartoffeln.

- ________________________________
- ________________________________
- ________________________________
- ________________________________

2. Ermitteln Sie selbst den Energiegehalt folgender Kartoffelzubereitungen: Kartoffelpüree, Kartoffelklöße, Bratkartoffeln, Kartoffelpuffer, Pommes frites, Kartoffelchips. Nehmen Sie eine Nährwerttabelle zu Hilfe. Erstellen Sie ein Säulendiagramm.

Kilokalorien pro 100 g:

3. Nennen Sie jeweils zwei Zubereitungen, die sich für die verschiedenen Kochtypen von Kartoffeln eignen.

Festkochende Kartoffeln eignen sich z. B. für ________________

____

Mehligkochende Kartoffeln eignen sich z. B. für ________________

____

Vorwiegend festkochende Kartoffeln eignen sich z. B. für ________________

____

4.4 Gemüse und Obst

Neben den stärkereichen pflanzlichen Lebensmitteln sollten Gemüse und Obst den mengenmäßig größten Platz in unserer täglichen Ernährung einnehmen.

1. Begründen Sie den gesundheitlichen Wert von Gemüse und Obst. Ergänzen Sie dazu die fehlenden Fakten im Lückentext.

Gemüse und Obst liefern viele verschiedene ____________________ und ____________________.

Außerdem sind sie reich an ____,

die uns vor Krankheiten schützen. Als besonders ____________________ Lebensmittel tragen sie dazu bei, den Flüssigkeitshaushalt des Körpers in der Balance zu halten. Sie fördern eine geregelte Verdauung, da sie einen hohen Anteil an ______________________________ mitbringen. Durch ihren Gehalt an schnell resorbierbaren ____________________ eignen sich vor allem Obst, aber auch viele Gemüse roh verzehrt ideal als gesunde Zwischenmahlzeit.

Jede Obstart und jedes Gemüse hat seine Saison. Wenn wir sie frisch und ohne große Transportwege aus dem heimischen Anbau verwenden, sind sie nicht nur am besten im Geschmack, sondern bringen auch den höchstmöglichen Gehalt an Mineralstoffen und Vitaminen mit.

2. Ordnen Sie den dargestellten Gemüsearten jeweils drei heimische Gemüsebeispiele zu.

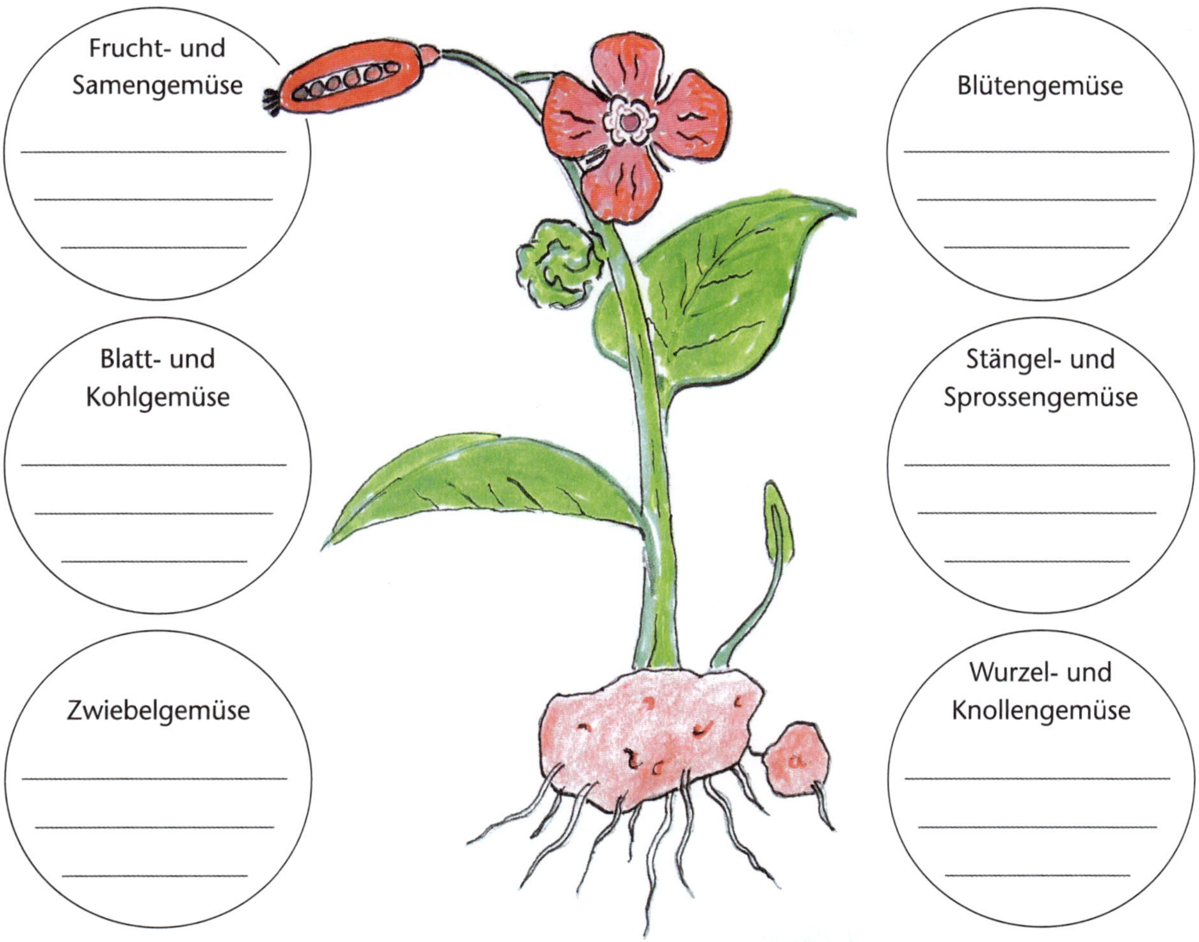

3. Suchen Sie im Buchstabengitter nach 14 heimischen Obstarten.

A	P	F	E	L	Z	N	E	B	U	A	R	T	N	I	E	W
P	Y	X	C	K	L	P	Ö	I	L	F	G	H	N	B	V	X
R	V	F	G	H	C	I	S	R	I	F	P	C	Q	X	R	A
I	L	H	K	K	J	H	H	N	C	X	X	Y	U	B	H	N
K	H	A	H	I	M	B	E	E	R	E	K	Ö	I	C	A	R
O	K	S	F	G	H	J	K	I	L	K	I	B	T	M	B	Y
S	K	E	M	V	B	B	N	M	R	T	R	Y	T	O	A	Ä
E	K	L	Q	J	O	H	A	N	N	I	S	B	E	E	R	E
O	I	N	A	S	D	N	M	K	L	Q	C	R	T	T	B	J
E	M	U	A	L	F	P	Q	Y	X	Z	H	Q	W	R	E	M
M	X	S	M	N	B	V	C	X	E	R	E	E	B	D	R	E
N	S	S	U	N	L	A	W	A	S	D	F	G	H	J	K	L

4. Tragen Sie die gefundenen Obstarten in den Saisonkalender ein und kennzeichnen Sie, in welchen Monaten des Jahres sie in unserer Heimat erntereif sind.

Obstart	Jan.	Feb.	März	April	Mai	Juni	Juli	Aug.	Sep.	Okt.	Nov.	Dez.

4.5 Milch und Milchprodukte

Milch und Milchprodukte gehören zu unserer täglichen Ernährung. Wir können sie in alle Mahlzeiten einbauen. Mit vielen anderen Lebensmitteln lassen sie sich zu leckeren Speisen kombinieren.

1. ***Tragen Sie die im Text fehlenden Wörter waagerecht in die richtigen Felder des Buchstabengitters ein. Wenn Sie die Buchstaben in den grau hinterlegten Kästen in der richtigen Reihenfolge zusammenfügen, erhalten Sie ein Milchprodukt, das besonders Kinder gern mögen.***

Milch ist so gesund, weil sie unter anderem über einen wichtigen Nährstoff verfügt. Das ____________________ in der Milch ist für uns besonders gut verwertbar. Milch enthält außerdem viele Vitamine und ____________________. Mit einem Dreiviertelliter Milch decken wir unseren Tagesbedarf an ____________________. Den größten Teil unserer Milch liefert uns die __________. Die Milch mit dem höchsten Fettgehalt ist die ____________________. Gänzlich unbehandelte Milch, ab Hof verkauft, sollte man vor dem Verzehr abkochen. Man nennt sie ____________________. Leider gibt es Menschen, die Milch nicht vertragen. Diese Unverträglichkeit nennt man ____________________ ____________________. Laktose ist der ____________________ in der Milch.

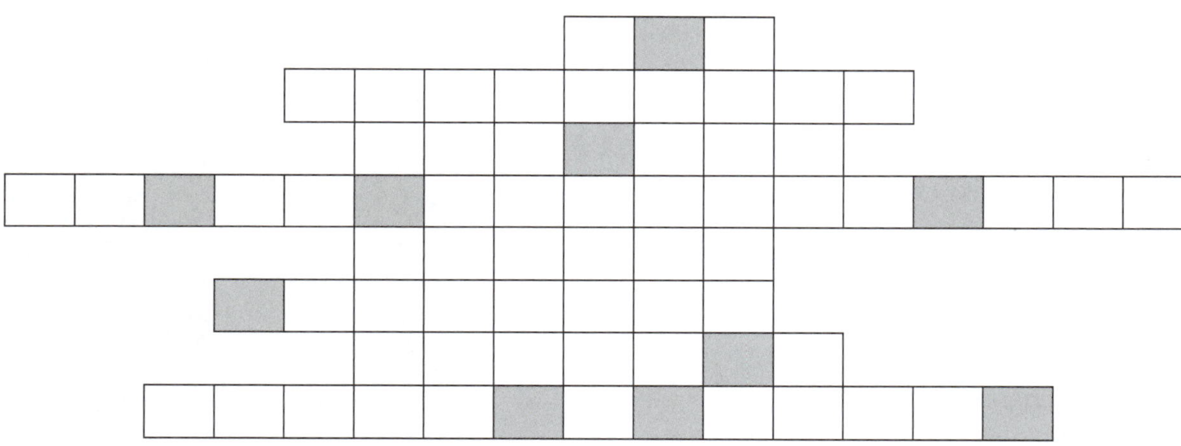

Lösung:

S								Q				

2. ***Vervollständigen Sie die Übersicht zu den Milchprodukten.***

Milchprodukte	
Sahneprodukte	z. B. __________, __________, __________
Milchmischerzeugnisse	z. B. __________, __________, __________
__________	z. B. Quark, Edamer, __________
__________	z. B. Joghurt, __________, __________
__________	z. B. in Säuglingsnahrung, __________, __________

3. Testen Sie mit dem kleinen Käsequiz Ihr Wissen! Markieren Sie die richtigen Antworten.

1. Käse hat einen unterschiedlichen Wasseranteil, nach dem man die Käsesorten einteilt. Der Käse mit dem geringsten Anteil an Wasser ist

   A Weichkäse
   B Hartkäse
   C Frischkäse

2. Ausgangsprodukt aller Käse ist Milch in verschiedenen Mengen. Für ein Kilogramm Frischkäse benötigt man

   A 10 Liter Milch
   B 7 Liter Milch
   C 5 Liter Milch

3. Milch muss zur Käseherstellung „dickgelegt" werden. Bei den sogenannten Süßmilchkäsen verwendet man dazu

   A das Enzym Lab
   B Milchsäurebakterien
   C Heißluft

4. Um aus der dickgelegten Masse Käselaibe zu machen, muss die noch enthaltene Flüssigkeit abgepresst werden. Diese Flüssigkeit verwendet man später als Getränk, es heißt

   A Buttermilch
   B Trinkjoghurt
   C Molke

5. Es gibt eine unglaubliche Vielzahl von Käsesorten. Der bekannteste Schnittkäse ist

   A Camembert
   B Edamer
   C Emmentaler

6. Zu den Hartkäsen, die sich am besten zum Reiben eignen und als Krönung zu vielen Nudelgerichten gereicht werden, gehört der

   A Brie
   B Gouda
   C Parmesan

4.6 Fleisch und Wurstwaren

Fleisch und Fleischerzeugnisse gehören zu einer gesunden, vollwertigen Ernährung, müssen jedoch nicht täglich auf unserem Speisplan stehen. Bei der Auswahl der Lebensmittel aus dieser Gruppe sollte man auf eine hohe Qualität achten und möglichst fettarme Produkte bevorzugen.

Beantworten Sie die folgenden Fragen. Kreuzen Sie dazu die richtigen Antworten an (mehrere Antworten sind möglich).

1. Die Bedeutung von Fleisch in der Ernährung liegt in den Nährstoffen, die Fleisch liefert. Welche der drei Nährstoffe gehören nicht dazu?
   - ○ Kohlenhydrate
   - ○ Eiweiß
   - ○ Ballaststoffe

2. Welche der folgenden Fleischzubereitungen ist am fettärmsten?
   - ○ Gulasch
   - ○ Putenbrustspieß
   - ○ Paniertes Schweineschnitzel

3. Welche der folgenden Wurstwaren bzw. Fleischerzeugnisse sind eher fettarm und welche eher fettreich?

	fettarm	fettreich
Salami	○	○
Gekochter Schinken	○	○
Mortadella	○	○
Leberwurst	○	○
Bierschinken	○	○
Lachsschinken	○	○

4. Welche Garmethode eignet sich am besten für die folgenden Fleischstücke?

	Kurzbraten	Langzeitbraten	Schmoren	Kochen
Schnitzel	○	○	○	○
Rindergulasch	○	○	○	○
Putenbrust	○	○	○	○
Brathähnchen	○	○	○	○
Suppenfleisch	○	○	○	○

5. Der Verzehr von unsachgemäß behandeltem Fleisch kann besonders bei Kindern schnell zu Lebensmittelvergiftungen führen. Welche der folgenden Aussagen ist falsch?
   - ○ Tiefgefrorenes Fleisch in der Verpackung auftauen
   - ○ Fleisch vor der Zubereitung gründlich säubern
   - ○ Fleisch durcherhitzen

4.7 Fisch

Fisch liefert wichtige Nährstoffe, ist leicht verdaulich und vielseitig zuzubereiten. Einmal pro Woche kann er für Abwechslung in unseren Mahlzeiten sorgen.

Lösen Sie das folgende Kreuzworträtsel zum Thema Fisch.

waagerecht

1. Fisch hat einen hohen Gehalt an ..., das der menschliche Körper gut ausnützen kann.
2. Fisch ist zudem eines der wenigen Lebensmittel, das uns den Mineralstoff ... liefert.
3. Den höheren Anteil an Mineralien hat Frischfisch aus größeren Gewässern, sogenannter ... .
4. Ein typischer Vertreter des Seefisches ist der ... .
5. Fisch liefert wertvolle mehrfach ungesättigte ... .
6. Wir unterteilen Fische auch nach ihrem Fettgehalt. Zu den Magerfischen zählt die ... .
7. Sehr fettreich ist die ... .
8. Beim Einkauf sollte man auf die Qualität achten. Frischen Fisch erkennt man am ... .

senkrecht

1. Bei der Vor- und Zubereitung von Fisch muss man auf die Hygiene achten, denn Fisch ist ein ... .
2. Er muss unbedingt ... aufbewahrt werden.
3. Zur Vorbereitung von frischem Fisch gehören drei Schritte: Säubern, ... und Salzen.
4. Gesalzen wird erst kurz vor dem ..., damit der Fisch nicht austrocknet.
5. Die nährstoffschonendste Zubereitungsart von Fisch ist das ... .
6. Kinder essen Fisch am liebsten in Form von ... .
7. Tiefgekühlte Fischstücke kann man ... braten, so behalten sie ihre Form.
8. Wenn man Fisch selbst paniert, muss man ihn gut ..., sonst fällt die Panade in der Pfanne ab.

4.8 Eier

Hühnereier gehören zur tierischen Lebensmittelgruppe Fleisch, Fisch und Eier. Etwa drei Eier sollte ein gesunder Erwachsener pro Woche verzehren. Neben den Inhaltsstoffen, die uns das Ei liefert, übernimmt es viele küchentechnische Aufgaben.

1. Was steckt im Ei? Nennen Sie die wichtigsten Inhaltsstoffe.

____________________ mit der höchsten biologischen Wertigkeit nach Muttermilch.

____________________ hat mit 74 % den größten Anteil.

____________________ befindet sich hauptsächlich im Eigelb.

____________________ der Gruppe B, aber auch D, A und Folsäure.

____________________, vor allem Eisen, Zink, Phosphor und Kalzium.

2. Welche Informationen können wir dem Stempel auf dem Ei entnehmen?

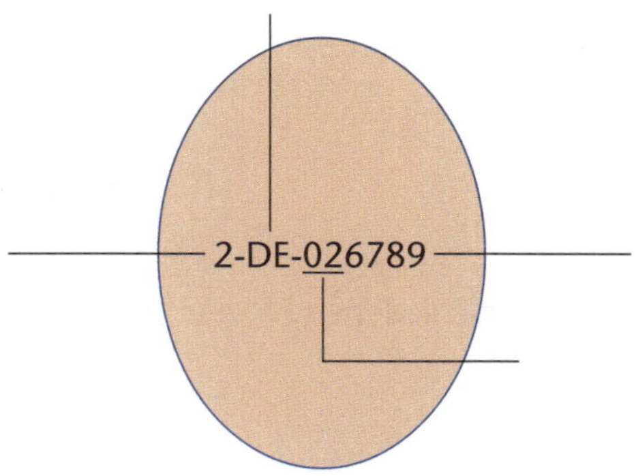

3. Es gibt verschiedene Möglichkeiten, die Frische eines Hühnereis zu erkennen. Welches der beiden abgebildeten Eier ist älter? Kreuzen Sie das richtige Bild an.

 ☐

 ☐

4. Im Folgenden finden Sie die küchentechnischen Aufgaben des Eis. Kreuzen Sie die richtigen Kästchen an.

	Vollei	Eigelb	Eiklar
Backen	○	○	○
Färben	○	○	○
Glasieren	○	○	○
Kleben	○	○	○
Panieren	○	○	○
Klären	○	○	○

4.9 Fette und Öle

Streich- und Zubereitungsfette sollten in unserer täglichen Ernährung den kleinsten Platz einnehmen, aber auch nicht fehlen. Sie versorgen uns mit Energie und fettlöslichen Vitaminen. Außerdem sind sie ein wichtiger Geschmacksträger.

Wir teilen die Speisefette und Öle nach ihrer Herkunft und ihren Eigenschaften ein.

1. Füllen Sie das folgende Schema aus.

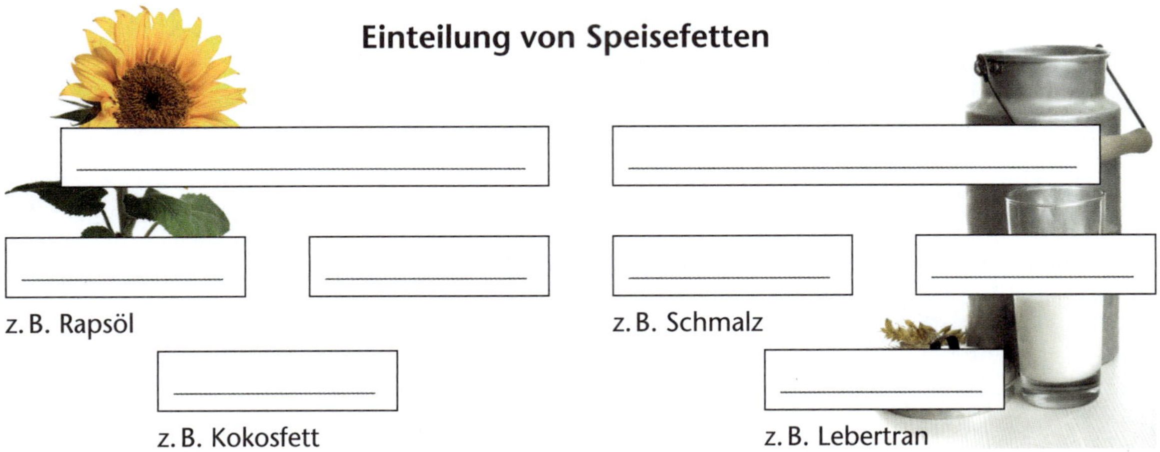

Zusammensetzung und Eigenschaften der verschiedenen Fette und Öle bestimmen ihren Einsatz in der Küche.

2. Ergänzen Sie die Aussagen zur küchentechnischen Verwendung von Speiseölen und Speisefetten um die fehlenden Begriffe.

Pflanzenöle sind besonders wertvoll für unsere Ernährung, sie enthalten im Gegensatz zu tierischen Fetten einen hohen Anteil an ____________________ Fettsäuren. Kalt gepresste, sogenannte „native" Pflanzenöle sollten grundsätzlich nur in der kalten Küche verwendet werden. Sie lassen sich nicht ____________________ erhitzen. Man nutzt sie vor allem für ____________________. Zum Dünsten, Backen, Braten und Frittieren kann man Pflanzenöle verwenden, die bei ihrer Gewinnung erhitzt und später gereinigt werden. Man nennt sie ____________________ Öle. Es gibt sie als Oliven-, Raps- und Sonnenblumenöl. Als Streichfett und Zubereitungsfett eignet sich ____________________. Sie bleibt bei Zimmertemperatur fest, ist vielseitig einsetzbar und kann auch zum Dünsten, Braten und Backen verwendet werden. Beim Einsatz von Margarine muss man auf Zusammensetzung und Verwendungshinweise achten. Nicht jede Margarine eignet sich in der warmen Küche. Auf Margarine mit ____________________ Fetten sollte man überdies verzichten. Sie haben einen ungünstigen Einfluss auf unseren Fettstoffwechsel. ____________________ wurde früher viel eingesetzt. Heute verzichten wir lieber darauf. Es ist ein hochkonzentriertes Fett mit vielen ____________________ Fettsäuren.

4.10 Lebensmittelqualität

Lebensmittelkennzeichnung

Um ein Lebensmittel in der gewünschten Qualität zu erhalten, sollte man bei verpackter Ware sorgfältig das Lebensmitteletikett studieren. Auf diesem finden sich einige aufschlussreiche Auskünfte über das Produkt. Diese Angaben sind vom Gesetzgeber genau festgelegt.

1. ***Kennzeichnen und benennen Sie im Beispiel die Angaben, die grundsätzlich auf dem Etikett fertig verpackter Lebensmittel stehen müssen.***

2. ***Ab 2016 ist die Nährwertdeklaration auf allen verpackten Lebensmitteln Pflicht. Welche Nährwertangaben müssen mindestens aufgelistet sein?***

- ______________________________
- ______________________________
- ______________________________
- ______________________________
- ______________________________
- ______________________________
- ______________________________
- ______________________________

3. ***Worüber gibt das Mindesthaltbarkeitsdatum Auskunft? Kreuzen Sie die richtigen Aussagen an.***
   - ○ Das Mindesthaltbarkeitsdatum ist der Zeitpunkt, bis zu dem das Lebensmittel bei angemessener Lagerung seine spezifischen Eigenschaften behält.
   - ○ Nach Ablauf des Mindesthaltbarkeitsdatums ist das Lebensmittel verdorben und darf nicht mehr verzehrt werden.
   - ○ Das Mindesthaltbarkeitsdatum ist kein Verfallsdatum. Das Lebensmittel kann auch über den Zeitpunkt hinaus noch verwendet werden, wenn vorher geprüft wird, ob es noch einwandfrei ist.

Die Angabe der Füllmenge ist abhängig von der Art des Lebensmittels.

4. ***Ordnen Sie folgende Angaben für die Füllmenge dem richtigen Lebensmittel zu:***
   Volumen in ml oder l – Gesamtfüllmenge und Abtropfgewicht – Gewicht in g oder kg – Angabe, wie viel Liter bzw. Milliliter das zubereitete Produkt ergibt – Stückzahl

Lebensmittel	**Angabe der Füllmenge**
Feste Lebensmittel, z. B. Mehl	______________________
Flüssige Lebensmittel, z. B. Milch	______________________
Figürliche Zucker- oder Schokowaren	______________________
Lebensmittel in einer Aufgussflüssigkeit, z. B. Obst in Dosen	______________________
Konzentrierte Produkte, z. B. Suppen, Soßen	______________________

Auf dem verpackten Lebensmittel oder auf einem Schild nahe bei der Ware muss der Preis ausgewiesen sein. Wir unterscheiden dabei Endpreis und Grundpreis.

5. Berechnen Sie den fehlenden Grundpreis beim 250-Gramm-Becher.

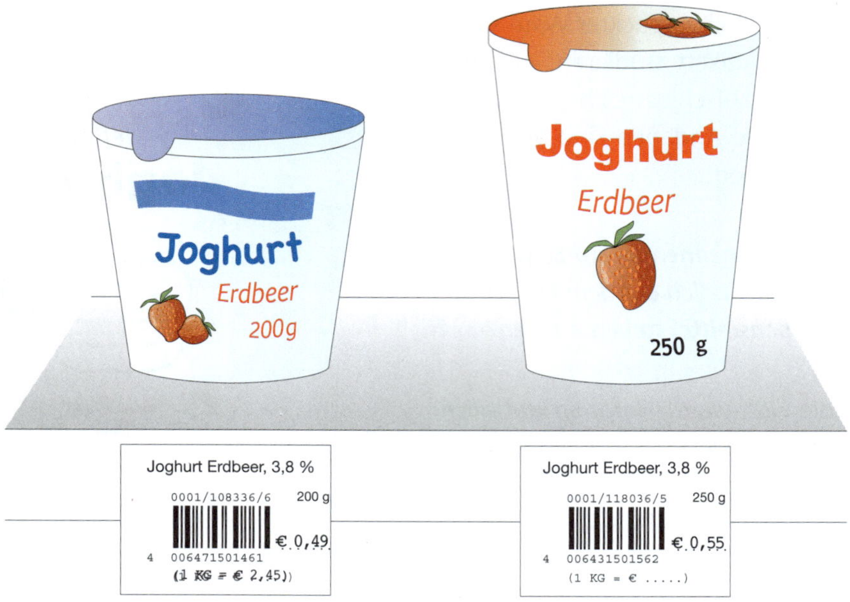

6. Warum ist es für den Verbraucher sinnvoll, neben dem Endpreis auch den Grundpreis zu kennen?

Zusatzstoffe in Lebensmitteln

Zu den Zutaten in verarbeiteten Lebensmitteln gehören die Zusatzstoffe. Sie müssen sowohl bei verpackten als auch bei unverpackten Lebensmitteln sowie auf Speiseplänen und -karten ausgewiesen werden.

Eingesetzt werden Zusatzstoffe, um Eigenschaften von Lebensmitteln zu verbessern. Sie gelten als gesundheitlich unbedenklich. Einige stehen jedoch im Verdacht, Allergien hervorzurufen und gesundheitliche Probleme zu begünstigen. In der Säuglings- und Kleinkinderernährung sollte man gänzlich auf Produkte mit Zusatzstoffen verzichten.

1. *Im Folgenden sind die Zutatenlisten von drei Produkten abgebildet. Tragen Sie die Namen* ***und*** *Nummern der gefundenen Zusatzstoffe entsprechend ihrer technologischen Aufgabe in die Tabelle auf der folgenden Seite ein. Die fehlenden Namen oder Nummern finden Sie in Zusatzstofflisten oder unter www.zusatzstoffe-online.de.*

Light-Cola-Getränk
Wasser, Kohlensäure, Farbstoff E 150d, Süßstoffe (Natriumcyclamat, Acesulfam-K, Aspartam), Säuerungsmittel Phosphor- und Zitronensäure, Aroma, Säureregulator Natriumcitrate, Koffein, Konservierungsstoff E 211, Schaumverhüter E 900

Schoko-Kindercerealien
Kakaobutter, Vollmilchpulver, Milchzucker, Kakaomasse, Weizenmehl, Reismehl, Farbstoffe (Anthocyane, Kurkumin, echtes Karmin, kupferhaltige Komplexe der Chlorophylline, Pflanzenkohle, Betenrot), Glukosesirup, Emulgatoren (Sojalecithine, Polyglycerin-Polyricinoleat), Süßmolkenpulver, Verdickungsmittel (Gummi arabicum), Überzugsmittel (Carnaubawachs, Bienenwachs), Maltodextrin, Erdnüsse, Speisesalz

Tiefkühl-Pizza Spezial
Weizenmehl, Wasser, Edamer 14 % (Farbstoff Beta-Carotin), Tomaten fein zerkleinert, Salami vom Schwein 8 % (Konservierungsstoff E 250, Rauch), Champignons 4 %, Kochschinken 4 % (Konservierungsstoff E 250, Rauch), pflanzliches Öl, Hefe, Speisesalz, Tomatenmark, Zucker, modifizierte Kartoffelstärke, Zwiebeln, Porree, Kräuter, Gewürze

Zusatzstoffgruppe	Light-Cola-Getränk	Schoko-Kindercerealien	Tiefkühl-Pizza Spezial
Farbstoffe			
Süßstoffe			
Säuerungsmittel			
Konservierungsstoffe			
Verdickungsmittel/ Emulgatoren			
andere			

2. *Recherchieren Sie in der Online-Datenbank für Lebensmittelzusatzstoffe (www.zusatzstoffe-online.de): Welche der gefundenen Zusatzstoffe sind für bestimmte Personengruppen aus gesundheitlicher Sicht bedenklich? Werten Sie Ihr Ergebnis hinsichtlich der Eignung der oben genannten Produkte für Kinder und Jugendliche aus.*

Haltbarmachung von Lebensmitteln

Konservierungsverfahren

Eine Reihe von Mikroorganismen, die sich natürlicherweise auf unseren Lebensmitteln befinden, können ab einer gewissen Keimzahl eine Gesundheitsgefahr für den Menschen darstellen. Um deren Wachstum zu verlangsamen oder ganz zu vermeiden, bedient sich der Mensch verschiedener Verfahren, die die Lebensbedingungen der Mikroorganismen einschränken.

1. ***Welchen Einflussfaktor auf das Wachstum der Mikroorganismen machen sich die genannten Verfahren zunutze? Tragen Sie die entsprechende Zahl von 1 bis 4 in die Kästchen ein.***

2. ***Finden Sie jeweils ein Lebensmittelbeispiel, bei dem das Konservierungsverfahren angewendet wird. Die Abbildungen helfen Ihnen dabei.***

1 Wärmeentzug

2 Hitzeeinwirkung

3 Wasserentzug

4 pH-Wert-Änderung

Verfahren	Einflussfaktor	Lebensmittelbeispiel
Räuchern	☐	______________________
Pasteurisieren	☐	______________________
Säuern	☐	______________________
Kühlen	☐	______________________
Sterilisieren	☐	______________________
Trocknen	☐	______________________
Pökeln	☐	______________________
Einzuckern	☐	______________________

Lagerung von Lebensmitteln

Durch die richtige Aufbewahrung von Lebensmitteln kann man deren Qualität und Frische für einen begrenzten Zeitraum erhalten und ihren Verderb verzögern.

3. Benennen Sie die Lagerorte (linke Tabellenspalte).

4. Ordnen Sie folgende Lebensmittel der richtigen Lagertemperatur zu:
Linsen – TK-Gemüse – Johannisbeeren – Bierschinken – frisches Seelachsfilet – Käse – Butter – Äpfel – Bananen – Mehl – Frischmilch – Vanilleeis – Feldsalat – Salz – Putenschnitzel – Fischkonserve – Reis – Spargel – Kirschkompott im Glas – gefrostete Fertiggerichte – Joghurt – Eier – Fischstäbchen – Karotten

Lagerort	Lagertemperatur	Lebensmittel
	2 bis 4 °C	
	0 bis 2 °C	
	8 bis 10 °C	
	10 bis 15 °C	
	15 bis 20 °C	
	–18 °C	

5 Ernährungsplan für das 1. Lebensjahr

Eine optimale Ernährung im 1. Lebensjahr wird in drei zeitliche Abschnitte unterteilt.

1. *Benennen Sie die Abschnitte, indem Sie diese bei ① bis ③ eintragen.*
2. *Ergänzen Sie die Darstellung des Ernährungsplanes für das erste Lebensjahr. Fügen Sie dazu die folgenden Begriffe in die grafische Darstellung ein:*
   Muttermilch oder Fertigmilch – Stillen, solange Mutter und Kind es wünschen – Gemüse-Kartoffel-Fleisch-Brei – Milch-Getreide-Brei – Getreide-Obst-Brei – Brotmahlzeit – Zwei Zwischenmahlzeiten – Brotmahlzeit – Warme Mahlzeit.

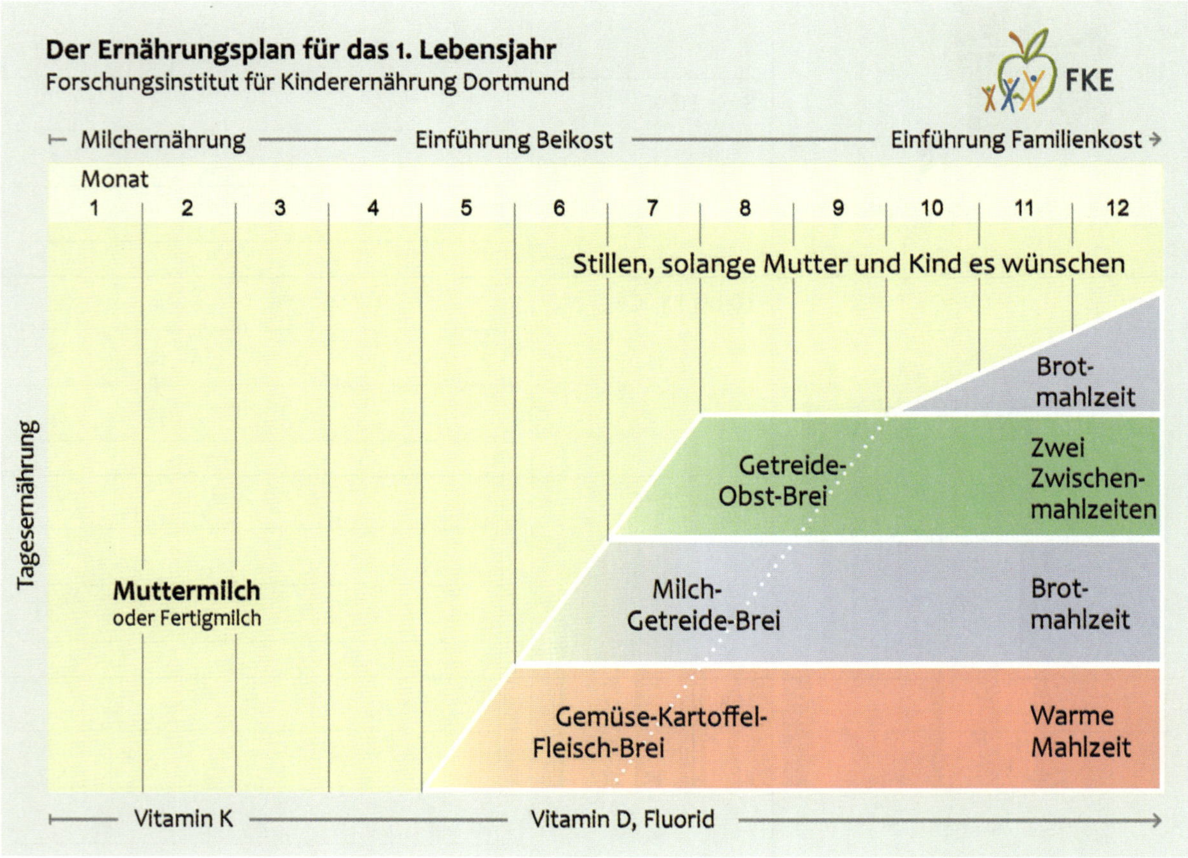

(Forschungsinstitut für Kinderernährung e. V. Dortmund (FKE), abrufbar unter: http://www.fke-do.de/index.php?module=page_navigation&index%5Bpage_navigation%5D%5Baction%5D=details&index%5Bpage_navigation%5D%5Bdata%5D%5Bpage_navigation_id%5D=62, [05.02.2015])

5.1 Milchernährung

Am Anfang der Ernährung eines Säuglings besteht die Nahrung aus Muttermilch oder Fertigmilch. Die Muttermilch ist das Beste für Mutter und Kind.

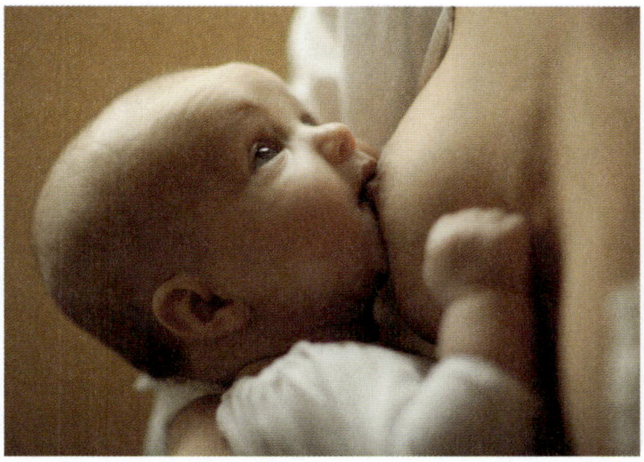

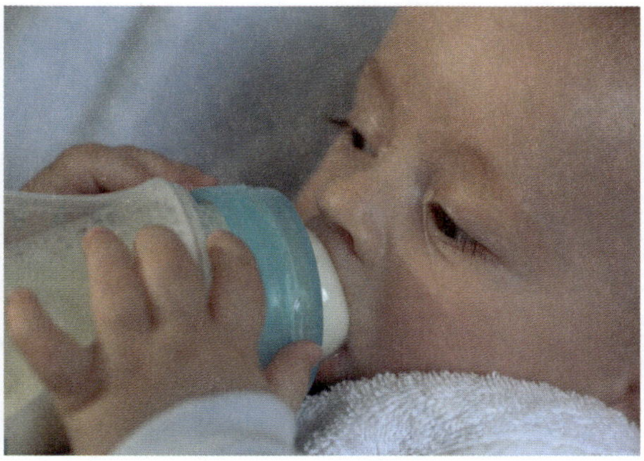

1. Nennen Sie sechs Aspekte, die für das Stillen sprechen.

1. ______________________________

____

2. ______________________________

____

3. ______________________________

____

4. ______________________________

____

5. ______________________________

____

6. ______________________________

____

Reicht die Muttermilch für den Säugling nicht aus, kann oder möchte nicht gestillt werden, gibt es fertige Säuglingsnahrung. Diese angebotenen Säuglingsnahrungen tragen im Namen Buchstaben oder Ziffern, die auf ihre Zusammensetzung und ihren Einsatz hinweisen.

2. Erläutern Sie jeweils die Besonderheiten in der Zusammensetzung der folgenden Säuglingsnahrungen auf dieser und der nächsten Seite.

Säuglingsanfangsnahrung „Pre“

____

____

____

Säuglingsanfangsnahrung „1“

Folgenahrung „2“ und „3“

HA-Nahrung

Um die Gesundheit des Babys nicht zu gefährden, müssen bei der Zubereitung von Flaschennahrung grundlegende Regeln beachtet werden.

3. Nennen Sie sechs wichtige Regeln für die Zubereitung von Flaschennahrung.

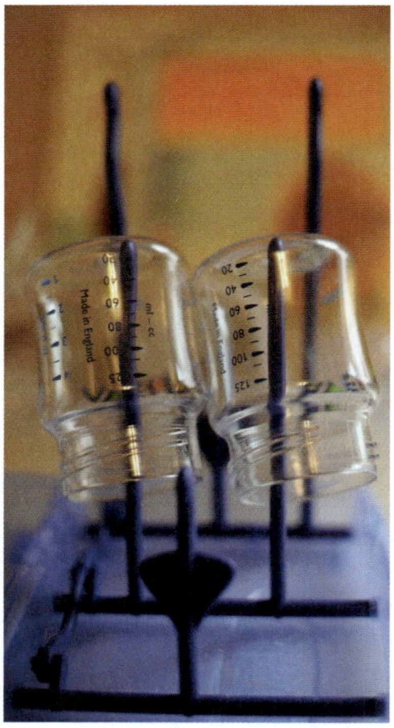

1.

2.

3.

4.

5.

6.

5.2 Einführung von Beikost

Ab Beginn des 5. Lebensmonats, spätestens ab dem 7. Lebensmonat des Säuglings wird von Monat zu Monat eine Milchmahlzeit durch einen Brei ersetzt.

1. Ergänzen Sie die folgende Übersicht zur Einführung der Beikost mit den richtigen Breimahlzeiten: Gemüse-Kartoffel-Fleisch-Brei – Milch-Getreide-Brei – Getreide-Obst-Brei.

	Morgens	Mittags	Nachmittags	Abends
Einführungsmonat	Muttermilch	______ ______	Muttermilch	Muttermilch
1 Monat später	Muttermilch	______ ______	Muttermilch	______ ______
1 Monat später	Muttermilch	______ ______	______ ______	______ ______

Die Auswahl der Lebensmittel für die einzelnen Breimahlzeiten erfolgt entsprechend der Nährstoffe, die sie liefern. Energie und Nährstoffgehalt der Muttermilch reichen für Wachstum und Entwicklung nun nicht mehr aus.

2. Nennen Sie die Lebensmittel, die jeweils in den einzelnen Breimahlzeiten verarbeitet werden, und die Nährstoffe, mit denen sie den Säugling versorgen.

Gemüse-Kartoffel-Fleisch-Brei

Breimahlzeit	Breizutaten	Nährstoffe
Gemüse-Kartoffel-Fleisch-Brei	• ______ • ______ • ______ • ______ • ______	• ______ • ______ • ______ • ______ • ______
Milch-Getreide-Brei	• ______ • ______ • ______	• ______ • ______ • ______
Getreide-Obst-Brei	• ______ • ______ • ______ • ______	• ______ • ______ • ______ • ______

5.3 Übergang zur Familienkost

Zwischen dem 10. und 12. Lebensmonat wird Schritt für Schritt eine feste Kleinkindnahrung eingeführt. So gewöhnt sich der Säugling allmählich an das Familienessen. Aus den drei Breimahlzeiten und den verbliebenen Milchmahlzeiten werden drei Hauptmahlzeiten und zwei Zwischenmahlzeiten. Ein Getränk zu jeder Mahlzeit und Zwischendurch gehört natürlich dazu.

1. Überprüfen Sie den folgenden Tagesplan eines zwölf Monate alten Kleinkindes. Machen Sie gegebenenfalls Verbesserungsvorschläge.

Mahlzeit	Lebensmittel	Verbesserung/Ergänzung
Frühstück	½ Scheibe Toastbrot 5 g Butter 5 g Erdbeerkonfitüre 1 Tasse Instantkakao	
1. Zwischenmahlzeit	Fertiger Fruchtquark aus dem Becher	
Mittagessen	60 g Nudeln 10 g Butter 30 g Wurstwürfel	
2. Zwischenmahlzeit	2 Butterkekse ½ Apfel	
Abendessen	½ Scheibe Toastbrot 5 g Schmelzkäse 1 Glas Apfelsaft	

2. Begründen Sie Ihre Entscheidungen.

6 Gesunde Ernährung von Kindern

6.1 Ausgewogene Mischkost

Eine ausgewogene und gesunde Ernährung, die den Bedarf an allen Nährstoffen für Wachstum, Entwicklung und Gesundheit eines Kindes deckt, orientiert sich an sechs Grundregeln. Diese lassen sich mithilfe der Ernährungspyramide einfach darstellen.

1. Die Pyramide unten ist sehr durcheinander geraten. Zeichnen Sie die dargestellten Symbole in der Anzahl und Anordnung in die leere Pyramide, wie Sie zu den Grundregeln einer gesunden Ernährung passen.

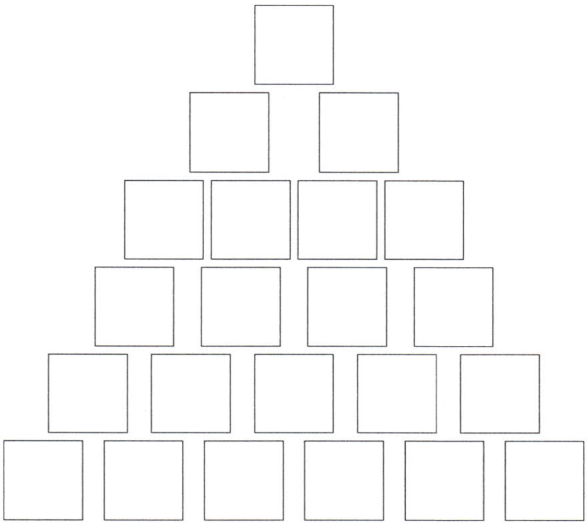

2. Formulieren Sie die Grundregeln einer gesunden Ernährung.

1. ______________________________

2. ______________________________

3. ______________________________

4. ______________________________

5. ______________________________

6. ______________________________

7. ______________________________

3. *Kennzeichnen Sie die einzelnen Ebenen der Pyramide farbig. Was bedeuten die Farben?*

Grün: ______________________________

Gelb: ______________________________

Rot: ______________________________

4. *Was sagen die einzelnen Bausteine und deren Anzahl in der Pyramide aus?*

1 Baustein = ______________________________

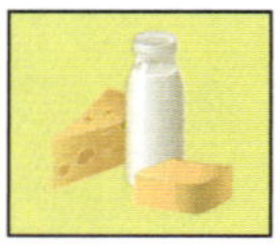

6.2 Die täglichen Mahlzeiten

Zu einer gesunden Ernährung gehören regelmäßige Mahlzeiten am Tag. Das ist nicht nur für Kinder wichtig.

1. Nennen Sie die Gründe.

- ______________________________
- ______________________________
- ______________________________
- ______________________________

Die Empfehlung für die Mahlzeitenverteilung heißt: **fünfmal täglich**.

2. Kennzeichnen Sie die entsprechenden Mahlzeiten im Diagramm.

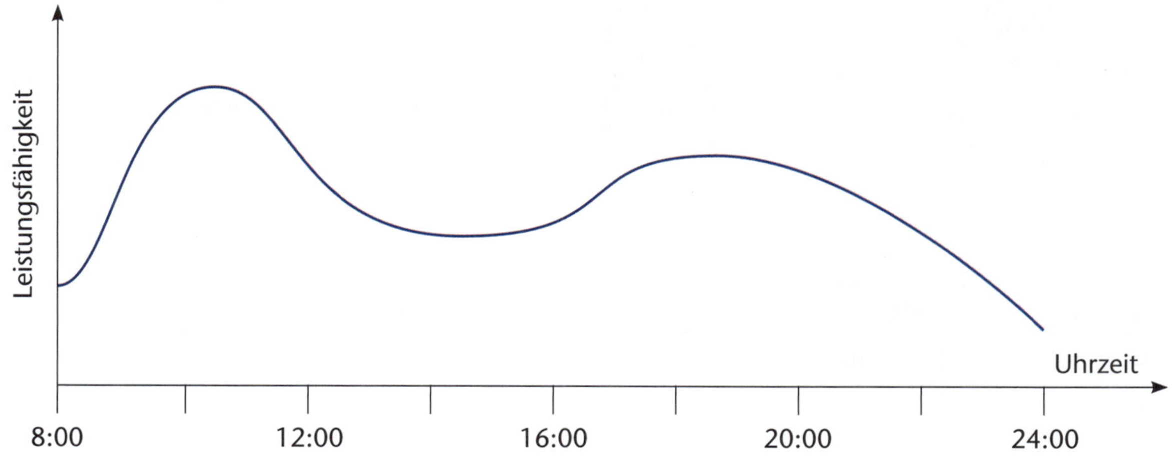

Wie die Kurve zeigt, unterliegt jeder Mensch am Tag natürlichen Leistungsschwankungen.

3. Erklären Sie die Darstellung. Setzen Sie dazu in den Lückentext folgende Worte richtig ein: sinkt – steigt – höchste Leistung – sinkt.

Die ______________________ ist in der Mitte des Vormittages, zwischen 10:00 Uhr und 11:00 Uhr. Sie ______________ über Mittag und ______________ am Nachmittag wieder an. Am Abend ______________ sie endgültig, der Körper erholt sich in der Nacht.

4. Mit welchen der Mahlzeiten aus Aufgabe 2 können wir zu starke Stimmungsschwankungen und Tagestiefs ausgleichen? Tragen Sie eine neue Kurve in das Diagramm ein, die diese Mahlzeiten berücksichtigt. Kennzeichnen Sie beide Kurven entsprechend.

6.3 Ein Tagesplan

Damit ein Kind alle wichtigen Nährstoffe und ausreichend Energie erhält, sollte man bei der Speisenzusammenstellung aus allen Lebensmittelgruppen im richtigen Mengenverhältnis wählen.

Die einzelnen Mahlzeiten müssen dabei natürlich aufeinander abgestimmt sein. So ergänzen sie sich im Tagesverlauf zu einer ausgewogenen Kost, die den Grundregeln einer gesunden Ernährung entspricht.

1. ***Entwickeln Sie mithilfe der Mahlzeitenpyramiden zwei Beispiele für einen Tagesplan für ein sechsjähriges Kind mit Speisenvorschlägen und Mengenangaben. Halten Sie Ihre Vorschläge in der Tabelle auf dieser und der nächsten Seite fest.***

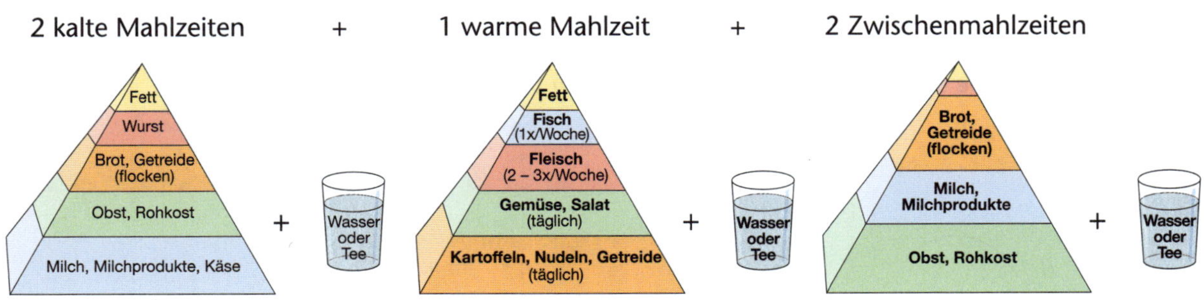

Zeitpunkt	Tagesplan 1	Tagesplan 2
Morgens	1. Frühstück	Kleines Frühstück
Vormittags	2. Frühstück	Großes Frühstück

Mittags	Warmes Mittagessen	Mittagsimbiss (kalt)
Nachmittags	Vesper	Vesper
Abends	Abendbrot	Abendbrot

2. Zählen Sie die Portionsmengen der einzelnen Lebensmittelgruppen zusammen und vergleichen Sie Ihren Plan mit den Mengenempfehlungen für eine ausgewogene Mischkost.

Lebensmittelgruppe	Tagesplan 1	Tagesplan 2
Getränke in ml		
Gemüse in g		
Obst in g		
Kartoffel, Nudeln oder Reis in g		
Brot oder Getreide in g		
Milch/Milchprodukte in g		
Fleisch, Wurst, Fisch in g		

6.4 Essen in Kindertageseinrichtungen

Kindertageseinrichtungen übernehmen mit der Verpflegung eine große Verantwortung. Ihr Essensangebot ist mitbestimmend für den Ernährungszustand und die Essgewohnheiten von Kindern.

Prüfen Sie die Qualität des folgenden Mittags-Speiseplans aus Sicht der Mahlzeitengestaltung und der Lebensmittelauswahl in einer gesunden Mischkost.

1. Füllen Sie die Checkliste aus.

2. Bewerten Sie den Plan.

3. Machen Sie Verbesserungsvorschläge.

1. Woche				
Montag	**Dienstag**	**Mittwoch**	**Donnerstag**	**Freitag**
Tortellini mit Hackfleischfüllung, Tomatensoße und Eisbergsalat mit Joghurtdressing	Schweineschnitzel mit Rahmmöhren und Kartoffelkroketten, dazu Erdbeerquark	Wurstgulasch mit Mais, Erbsen und Reis, dazu Rote Grütze mit Vanillesoße	Gurkensalat, danach Milchreis mit heißen Kirschen und Zimt-Zucker	Möhrensuppe mit Kartoffeln und Würstchen, danach Mini-Schokokuchen
2. Woche				
Montag	**Dienstag**	**Mittwoch**	**Donnerstag**	**Freitag**
Spaghetti Bolognese mit geriebenem Käse und Eisbergsalat	Fischstäbchen mit Butterkartoffeln und Rote-Bete-Salat, danach Doppelkekse mit Schokolade gefüllt	Hühnerfrikassee mit Reis, danach Mandarinenquark	Rührei mit Spinat und Kartoffelpüree, dazu Obstsalat	Gulaschsuppe vom Rind mit Paprika und Kartoffeln, dazu Wackelpudding

Speiseplan für 10 Tage für die Mittagsverpflegung

1. Checkliste

Lebensmittelkomponente	**erreicht**	**teilweise erreicht**	**nicht erreicht**
Stärkekomponente, davon:	☐ 10×		☐ < 10×
• Kartoffeln	☐ mind. 4×	☐ 3–4×	☐ < 2×
• Reis	☐ mind. 2×	☐ 1–2×	☐ < 1×
• Nudeln	☐ mind. 1×	☐ 1×	☐ 0×
Gemüse/Rohkost, davon:	☐ mind. 10×		☐ < 10×
• Hülsenfrüchte	☐ mind. 1×	☐ 1×	☐ 0×
Fleisch, davon:	☐ max. 4×	☐ 5×	☐ > 5×
• Fleischerzeugnisse	☐ max. 2×	☐ 3×	☐ > 3×
Seefisch	☐ mind. 2×	☐ 1×	☐ 0×
Ei	☐ max. 1×	☐ 2×	☐ > 2×
Süßes Gericht	☐ max. 1×	☐ 2×	☐ > 2×
Vegetarisches Gericht	☐ mind. 4×	☐ 3–4×	☐ < 3×
Frittierte Produkte	☐ max. 4×	☐ 5×	☐ > 5×

2. Bewertung

-
-
-
-

3. Verbesserungsvorschläge

1. Woche				
Montag	Dienstag	Mittwoch	Donnerstag	Freitag

2. Woche				
Montag	Dienstag	Mittwoch	Donnerstag	Freitag

6.5 Verpflegungssysteme

Für das Angebot einer warmen Tagesmahlzeit in Kinderbetreuungseinrichtungen gibt es verschiedene Möglichkeiten der Herstellung und Bereitstellung von Speisen. In der Praxis finden fünf Verpflegungssysteme Anwendung.

Im folgenden Silbengitter verstecken sich diese fünf Systeme.

FRI	KO	PFLE	LKO	KOST
K	SCH	T	VER	KÜH
ST	M	GUNG	ST	ÜHL
KOS	CH	TIEF	WAR	MIS

Fügen Sie die Buchstaben und Silben richtig zusammen. Beschreiben Sie die Systeme kurz.

1

2

3

4

5

6.6 Ernährungserziehung

Unter Ernährungserziehung versteht man alle erzieherischen Maßnahmen, die ein gesundes Ernährungsverhalten zum Ziel haben.

Ernährungserziehung umfasst:
- die Befähigung zum selbstständigen Essen und Trinken,
- die Vermittlung von theoretischem Wissen über Ernährung sowie
- das Einüben praktischer Fertigkeiten beim Umgang mit Lebensmitteln.

1. ***Was beeinflusst das Ernährungsverhalten von Kindern? Nennen Sie konkrete Beispiele zu den genannten Einflussfaktoren.***
2. ***Finden Sie jeweils erzieherische Mittel, mit denen Sie diese Faktoren in Ihrer Erziehungsarbeit zu einem gesunden Essverhalten berücksichtigen und nutzen können.***

Einflussfaktor	Beispiele	Erzieherische Maßnahmen
Angeborene Körpergefühle		
Nahrungs- und Geschmackspräferenzen		
Kindliche Lernmethoden		
Sensorik		

… mit allen Sinnen

Zur spielerischen Ernährungserziehung gibt es vielfältige Möglichkeiten. Besonders eignen sich jedoch Wahrnehmungsspiele zur Anregung der Sinne. Essen und Trinken sind mit Sinneserlebnissen verbunden. Kinder speichern sie im sensorischen Gedächtnis. Ein Leben lang beeinflussen diese Erinnerungen das Essverhalten und den Geschmack.

1. ***Entwickeln Sie einen Sinnesparcours unter dem Motto „Fühlen, wie es schmeckt". Überlegen Sie sich für jeden Sinn, welches Ziel verfolgt werden soll und welche Aufgaben die Kinder lösen sollen. Bei dieser Sinnesschulung sollen in verschiedenen Bereichen die Sinne angeregt und ausprobiert werden.***

① Tastsinn

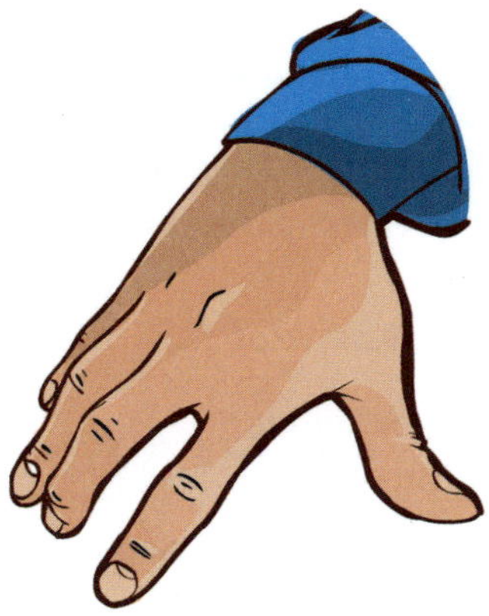

Ziel:

Beschreibung:

② Sehsinn

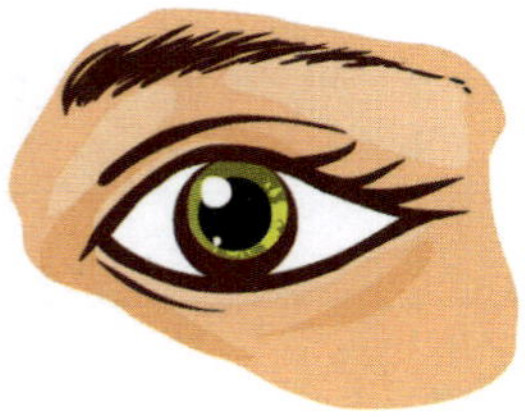

Ziel:

Beschreibung:

③ Geruchssinn

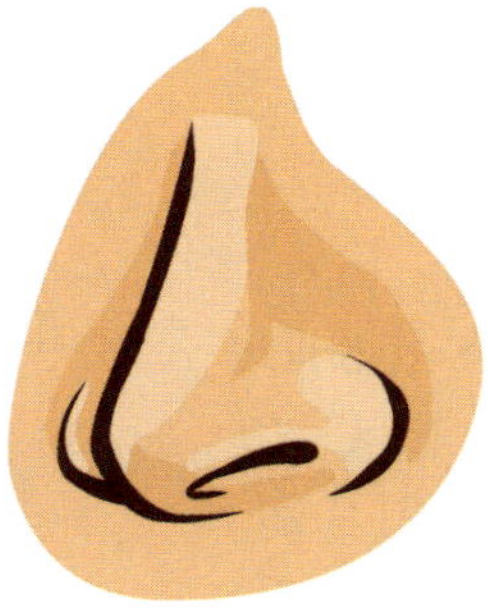

Ziel:

Beschreibung:

④ **Hörsinn**

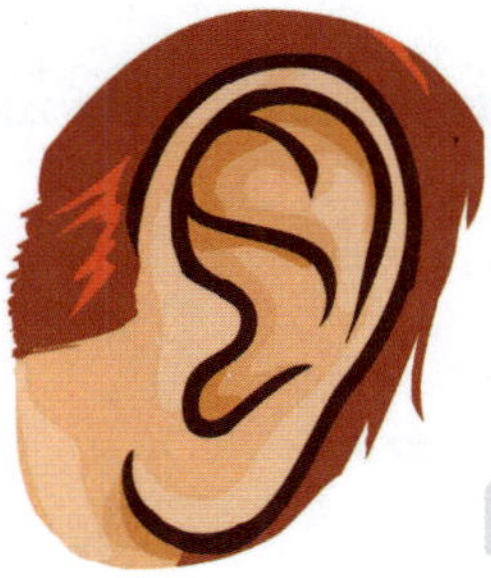

Ziel: ______________________________

____

____

Beschreibung: ______________________________

____

____

____

⑤ **Geschmacksinn**

Ziel: ______________________________

____

____

Beschreibung: ______________________________

____

____

____

2. Gestalten Sie zu Ihrer Idee einen Stationenpass, mit dem jedes Kind seine Punkte im Parcours zählen kann.

Stationenpass für ....

7 Ernährung und Krankheit

7.1 Übergewicht

Unter Übergewicht verstehen wir, einfach ausgedrückt, ein zu hohes Körpergewicht. Genauer gesagt, ist bei einem Menschen mit Übergewicht der Körperfettanteil zu hoch. Wenn Übergewicht langanhaltend bestehen bleibt, kann es zu gesundheitlichen Störungen führen.

1. Erklären Sie mithilfe der Zeichnung, wie Übergewicht entsteht.

Übergewicht entsteht, wenn ______________________

____

____

____

____

2. Welche Ursachen kann Übergewicht bei Kindern haben? Betrachten Sie die Bilder und fügen Sie die passenden Ursachen ein.

3. Nennen Sie
a) gesundheitliche Folgen von Übergewicht,
b) psychische Belastungen von Kindern mit Übergewicht.

a) ____

b)

***4. Neben einem gesunden Essverhalten und ausreichend Bewegung sollte mit der richtigen Lebensmittelauswahl Übergewicht vermieden oder bestehendes Übergewicht abgebaut werden.
Begründen Sie die folgenden Empfehlungen.***

1. Auf Lebensmittel mit einem hohen Gehalt an tierischen Fetten verzichten, denn

2. Den Zuckerverzehr reduzieren: Fertiggerichte, Süßigkeiten, zuckerreiche Getränke und Kinderlebensmittel meiden, denn

3. Getreide und Getreideprodukte aus dem vollen Korn bei der Lebensmittelauswahl bevorzugen, denn

4. Zwei Portionen Obst und drei Portionen Gemüse am Tag in den Speiseplan einbauen. Obst möglichst in unverarbeiteter Form und auch beim Gemüse einen Teil ungegart verzehren, denn

5. Viel trinken und energiearme Getränke wählen, denn

7.2 Stoffwechselerkrankungen und Lebensmittelunverträglichkeiten

Neben Übergewicht und Adipositas müssen Sie heute bei der Lebensmittelauswahl und Speisenzusammenstellung für manche Kinder weitere häufig auftretende Stoffwechselerkrankungen und Lebensmittelunverträglichkeiten berücksichtigen. Arbeiten Sie dabei immer eng mit Erziehungsberechtigten und medizinischen Fachkräften zusammen.

Ergänzen Sie die Aussagen zu den verschiedenen Erkrankungen, die die Ernährung beeinflussen können. Tragen Sie die fehlenden Begriffe ins Buchstabengitter auf der folgenden Seite ein.

1. Eine Stoffwechselerkrankung, die durch den Mangel oder das Fehlen eines Hormons geprägt ist, ist der ____________________.
2. Der deutsche Name ist ____________________, weil der Körper der Betroffenen Zucker nur ungenügend verwerten kann.
3. Die Folge ist ein erhöhter ____________________.
4. Langfristig schädigen diese erhöhten Zuckerwerte die ____________________, außerdem Augen, Nieren und Nerven.
5. Das Hormon, das der Körper zur Senkung des Blutzuckerspiegels benötigt, heißt ____________________. Es transportiert den Zucker aus dem Blut in die Zellen.
6. Bei Diabetes mellitus ist die Insulinproduktion der ____________________ gestört.
7. Man unterscheidet bei Kindern den erblich bedingten Diabetes mellitus Typ I und den Typ II. Dieser ist meist eine Folgeerkrankung von ____________________.
8. Beim Typ I kann es durch zu wenig Kohlenhydratzufuhr zu einer ____________________ kommen. Hier muss schnell, z. B. mit der Gabe von Traubenzucker, reagiert werden.
9. Zu den Lebensmittelunverträglichkeiten gehören die Allergien. Hier reagiert der Körper auf normalerweise unschädliche Lebensmittelbestandteile, meist Eiweißverbindungen. Man nennt einen Allergie auslösenden Stoff ____________________.
10. Zu den Allergie auslösenden Lebensmitteln gehört z. B. die Getreideart ____________________.
11. Auch die ____________________ gehört dazu.
12. Ebenso die ____________________. Sind Kinder hierauf allergisch, muss man zur Deckung des Kalziumbedarfs eine sorgfältige Lebensmittelauswahl treffen.
13. Neben Hautausschlag oder Atemwegsbeschwerden kommt es oft zu Verdauungsproblemen, wie ____________________ oder Verstopfung.
14. Die Auslöser von sogenannten Pseudoallergien, bei denen keine Antikörper gebildet werden, sind meist ____________________.

15. Eine weitere Gruppe von Lebensmittelunverträglichkeiten sind die Nahrungsmittelintoleranzen. Ihnen liegen meist angeborene oder durch Krankheit hervorgerufene ____________________ ____________ zugrunde.

16. Sehr häufig ist die Laktoseintoleranz. Grund ist der Mangel oder das Fehlen des Enzyms ____________________________, das den Milchzucker abbaut.

17. Die Unverträglichkeit von ____________________________ ist meist eine Begleiterscheinung von anderen Magen-Darm-Erkrankungen. Hier muss der Verzehr von fruchtzuckerhaltigen Lebensmitteln eingeschränkt werden.

18. Auch die Unverträglichkeit gegen eine Eiweißverbindung in bestimmten Getreiden, die ____________________________, zählt zu den Intoleranzen.

19. Diese Eiweißverbindung, das ____________________________, schädigt bei Betroffenen die Darmschleimhaut und behindert so die Nährstoffaufnahme.

20. Nicht zu den Lebensmittelunverträglichkeiten gehört die ____________________________. Es ist eine chronisch entzündliche Hautkrankheit, die jedoch oft von Nahrungsmittelallergien begleitet wird.

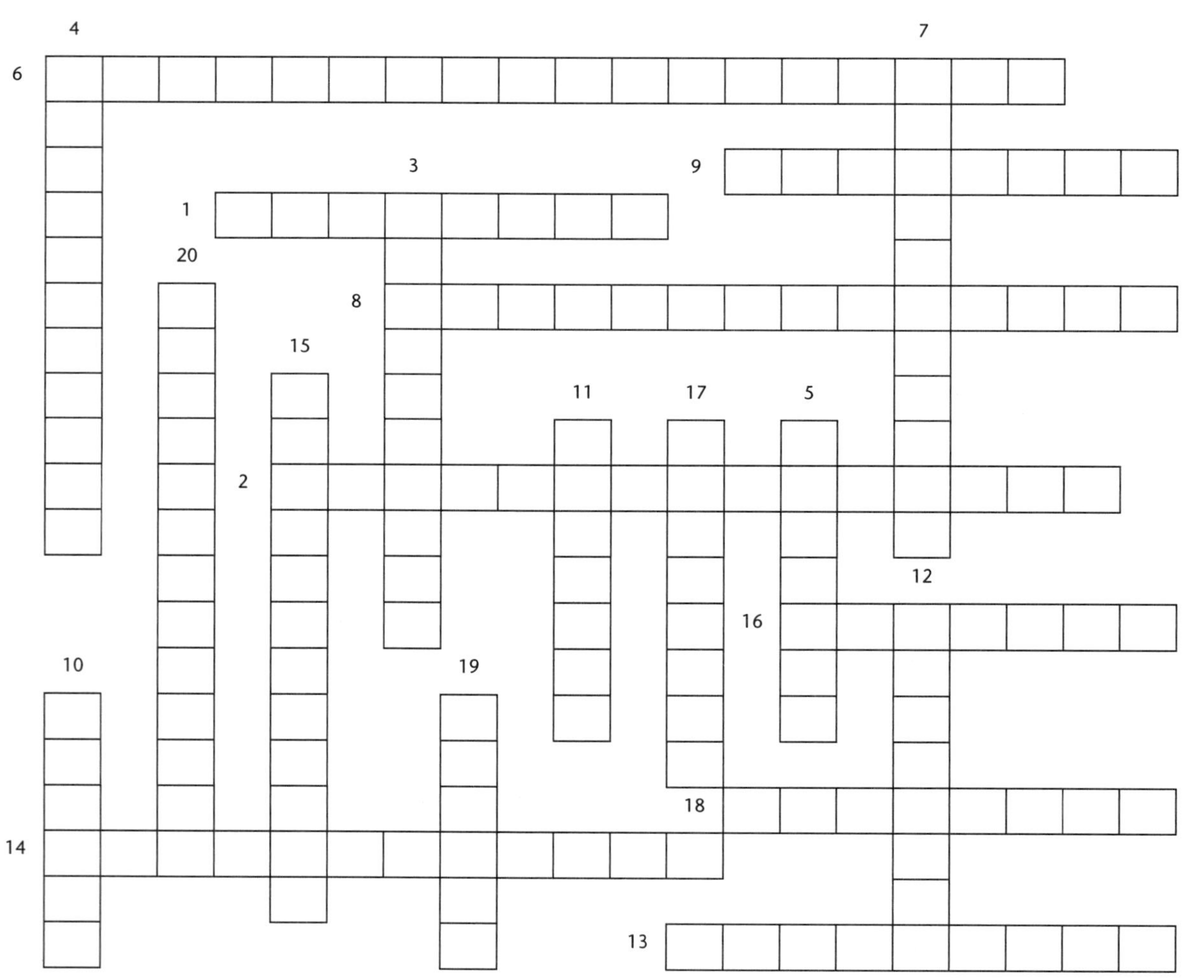

7.3 Leichte Kost bei Magen-Darm-Beschwerden und Fieber

Fieber, Erkältungskrankheiten und Infektionen begleiten die Entwicklung eines jeden Kindes, da sein Immunsystem noch nicht voll leistungsfähig ist. Mit der richtigen Ernährung auch während kleiner und großer Kinderkrankheiten können Sie die Mobilisierung der Abwehrkräfte des Kindes unterstützen und Beschwerden lindern.

1. Nennen Sie mögliche Ursachen für Durchfallerkrankungen bei Kindern.

- ____________________
- ____________________
- ____________________
- ____________________
- ____________________
- ____________________
- ____________________

Ist der Durchfall abgeklungen, sollte man nicht sofort zur normalen Kost zurückkehren, denn Magen und Darm waren sehr beansprucht und müssen noch etwas geschont werden.

2. Welche Lebensmittel und Speisen gehören nicht zu einer leichten Vollkost, weil sie die Verdauungsorgane zusätzlich belasten? Welche Lebensmittel entlasten Magen und Darm? Tragen Sie Beispiele in die Tabelle ein.

Ungeeignet für eine leichte Vollkost	Geeignet für eine leichte Vollkost

Magen- und Darm-Infektionen sowie Erkältungskrankheiten sind oft begleitet von Fieber. Wie bei Durchfall oder Erbrechen verliert der kleine Körper dabei viel Flüssigkeit und Mineralien, die unbedingt ausgeglichen werden müssen. Jedoch ist nicht jedes Getränk gut geeignet.

3. Ordnen Sie folgende Getränke richtig zu, indem Sie eine 1 für bei Fieber geeignete Getränke und eine 2 für ungeeignete Getränke zum Flüssigkeitsausgleich eintragen.

○ Himbeerbrause
○ Stilles Mineralwasser
○ Schwarzer Tee
○ Cola
○ Kamillentee
○ Malventee
○ Limonade
○ Gemüsebrühe
○ gesüßter Eistee
○ Apfelschorle

8 Arbeitsplatz Küche

8.1 Sicherheit in der Küche

Umsicht und Ruhe, der richtige Umgang mit Arbeitsmitteln und Ordnung gehören zur Arbeit in der Küche. So lassen sich Unfälle vermeiden.

Finden Sie typische Gefahrenquellen in der Küche. Zeichnen Sie dazu eine Mindmap.

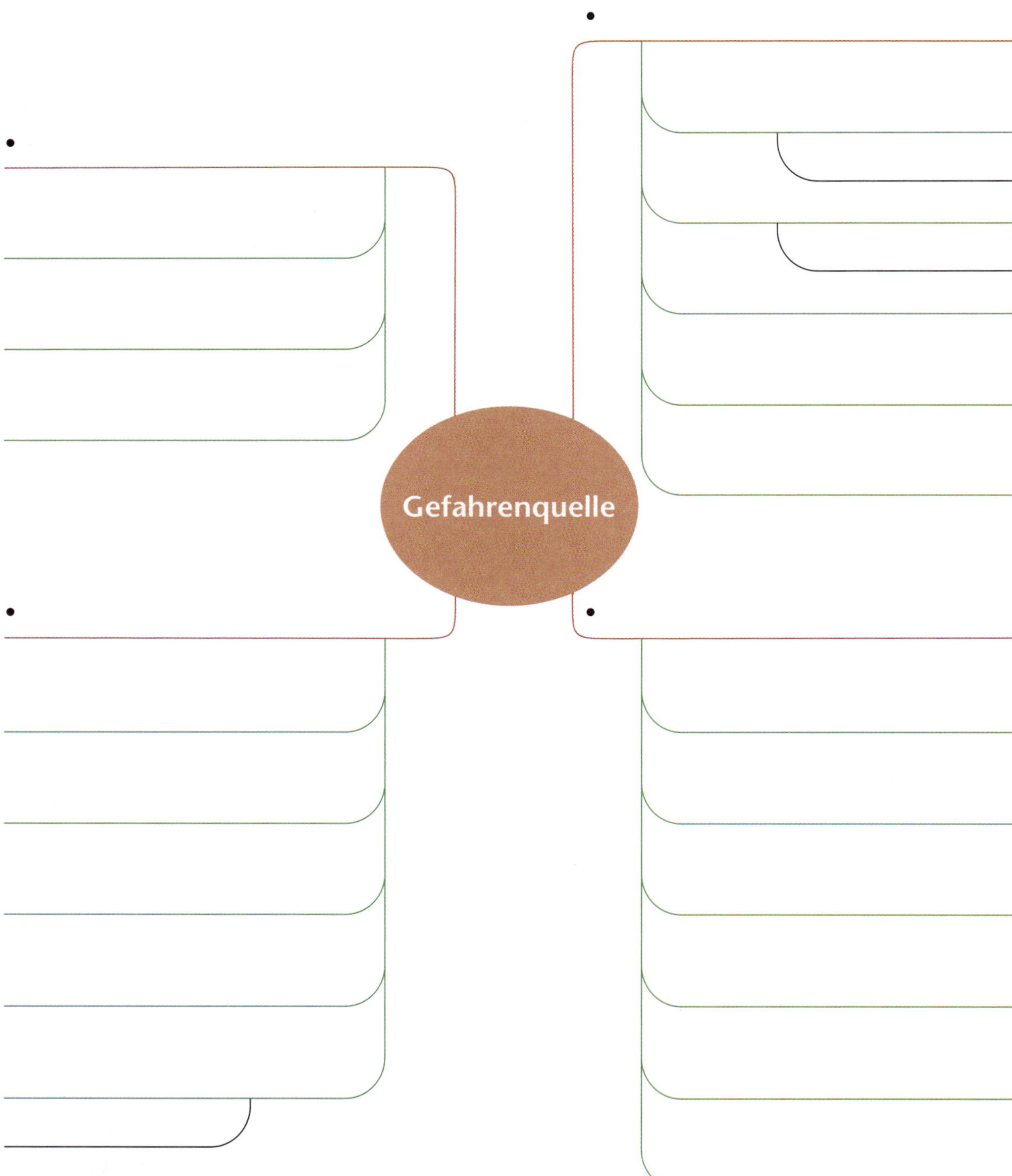

8.2 Hygiene in der Küche

Sauberkeit und Hygiene in der Küche sind das oberste Gebot. So vermeidet man bei der Küchenarbeit, dass sich krankheitserregende Mikroorganismen vermehren und zu einer Gefahr für die Gesundheit werden.

Im Folgenden finden Sie Merkzettel zur Hygiene in der Küche. Kennzeichnen Sie diejenigen Aussagen, die falsch sind, und schreiben Sie die jeweils richtige Aussage dazu auf.

(a) Da mit den Händen alles angefasst wird und so Mikroorganismen übertragen werden können, müssen sie vor der Küchenarbeit gründlich gesäubert werden.

(b) Die Auftauflüssigkeit von gefrorenem Fleisch und Geflügel sollte man beim Zubereiten mitverwenden, es enthält wertvolle Mineralstoffe.

(c) Bei Raumbedingungen verdoppelt sich die Anzahl der Bakterien auf einem Lebensmittel alle 20 Minuten. Ein Stück Fleisch enthält nach einer Stunde 500 Mikroben, wenn es bereits 125 Mikroben enthielt, als es aus dem Kühlschrank kam.

(d) Werden fertige Speisen warm gehalten, darf eine Temperatur von 65 °C nicht überschritten werden.

(e) Nach Beendigung der Küchenarbeit sind alle Geräte und Arbeitsmittel, der Arbeitsplatz, die Arbeitsflächen und auch der Küchenfußboden zu reinigen.

(f) Vor der Verarbeitung frischer Lebensmittel müssen diese zuerst gewaschen werden.

(g) Speisen sollte man nur mit einem sauberen Löffel probieren, um eine Bakterienübertragung zu vermeiden.

(h) Um Mikroorganismen sicher abzutöten, muss man Lebensmittel einfrieren.

(i) Bei Magen-Darm-Erkrankungen und Erkältungen muss man einen Mundschutz anlegen, wenn man in der Küche arbeitet.

8.3 Arbeitsorganisation

Zur Herstellung von Speisen benötigt man die Kenntnis über die erforderlichen Zutaten und eine Zubereitungsanleitung. Beides findet man in entsprechenden Rezepten.

Mithilfe dieser Rezepte kann man die Zutatenmengen berechnen, die richtigen Waren beschaffen und gegebenenfalls einen Arbeitsplan aufstellen. So vorbereitet, kann auch bei wenig Küchenerfahrung kaum etwas misslingen.

Sie sollen für ein Kinderfest 60 Mini-Gemüse-Pizzen (das entspricht etwa 4 Backblechen) backen. Folgendes Rezept steht Ihnen zur Verfügung:

Rezept: Mini-Gemüse- Pizzen

Ergibt 4 kleine Pizzen

Für den Hefeteig:
65 g Weizenvollkornmehl
¼ Pck. Trockenhefe
3 EL lauwarmes Wasser
2 Msp. Salz
½ EL Öl

Für den Belag:
50 g Rahmfrischkäse
¼ Tl Senf
¼ Pr. Salz
1 kleine Tomate
20 g Champignons
20 g Brokkoliröschen
1½ EL geriebenen Käse
1 Blättchen frisches Basilikum
Salz, Pfeffer und Paprikapulver zum Würzen

Zubereitungsanleitung:
Für den Teig das Mehl in einer Rührschüssel mit der Hefe sorgfältig mischen. Die übrigen Teigzutaten hinzufügen und mit den Knethaken des Handrührgeräts zu einem glatten Teig verarbeiten. Den Teig so lange zugedeckt an einem warmen Ort gehen lassen, bis er sich in etwa verdoppelt hat (ca. 30 Min.).
Das Backblech fetten oder mit Backpapier auslegen und den Ofen vorheizen.
Ein paar Basilikumblättchen abzupfen, mit dem Wiegemesser auf einem Schneidbrett fein hacken und mit Senf und einer Prise Salz mit dem Frischkäse verrühren.
Die Tomaten waschen, abtrocknen und mit dem Gemüsemesser würfeln. Die Champignons putzen und in feine Scheiben schneiden. Frische Brokkoliröschen im Topf mit Siebeinsatz bissfest dämpfen.
Den Teig vierteln, jeweils zur Kugel formen und mit dem Nudelholz zu vier kleinen runden Pizzen ausrollen. Mit dem Frischkäse bestreichen, Tomaten, Pilze und Brokkoli darauf verteilen und Käse darüber streuen. Mit Salz, Pfeffer und Paprikapulver noch etwas würzen.
Die Pizzen im Backofen bei 200 °C Ober-/Unterhitze oder 180 °C Umluft ca. 20 bis 30 Minuten backen.

1. ***Berechnen Sie die Zutatenmengen für 60 Minipizzen.***

2. ***Erstellen Sie eine genaue Warenanforderung.***

3. ***Schreiben Sie einen Arbeitszeitplan. Nutzen Sie dazu die Tabelle auf S. 70. Die Pizzen sollen etwa zur Mittagszeit (12:00 Uhr) fertig sein.***

1 Zutatenmenge

2 Warenanforderung

Warengruppe	Lebensmittel	Bedarf/Menge	Vorräte

3 Arbeitsplan

Tätigkeitszeit	Herstellung/Zubereitung	Arbeitsmittel

8.4 Arbeitsmittel und Geräte

Arbeitsmittel und Kleingeräte

Zur Grundausstattung einer Küche gehören verschiedene Arbeitsmittel und Geräte, mithilfe derer wir die Lebensmittel vorbereiten und zu Speisen verarbeiten.

1. Bei welchen Verarbeitungsschritten benötigen wir welches der abgebildeten Arbeitsmittel bzw. Kleinküchengeräte? Benennen Sie das Gerät und ordnen Sie es in der Tabelle auf der folgenden Seite richtig zu.

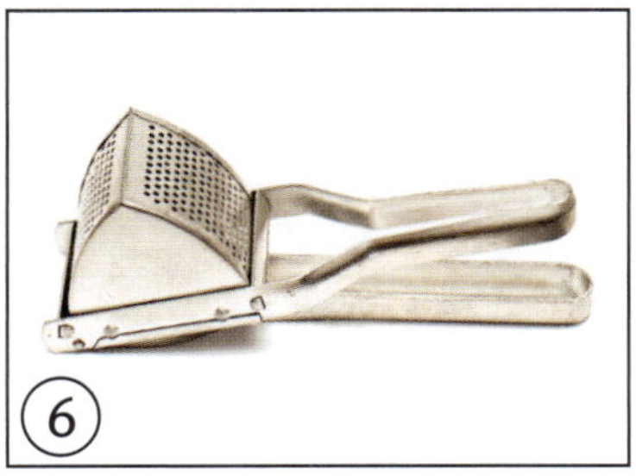

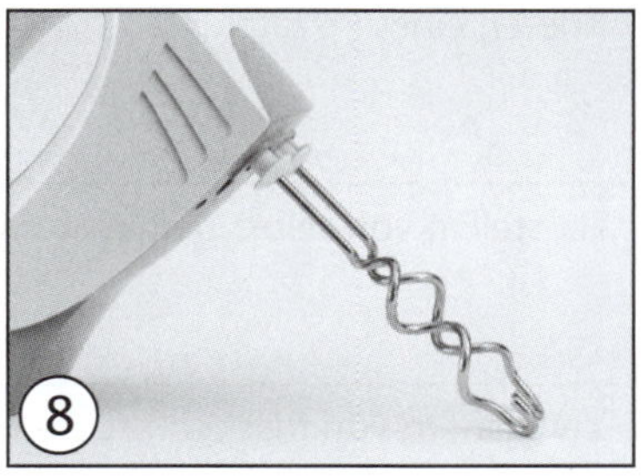

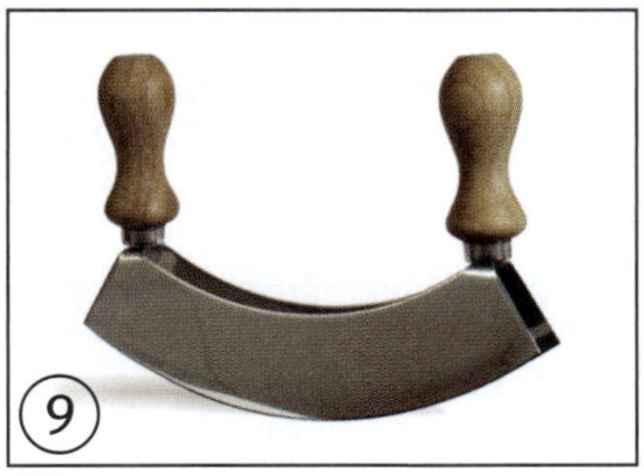

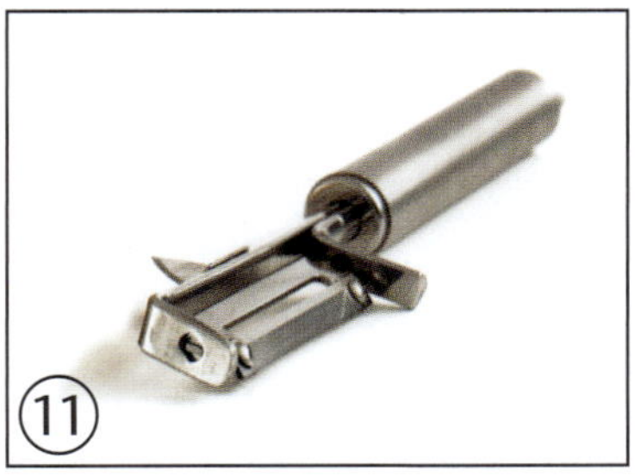

Verarbeitungsschritt/Speisenbeispiel	Arbeitsmittel/Gerät
Abmessen von Flüssigkeiten, z. B. Buttermilch für einen Teig	◯ ______
Raspeln von Karotten für einen Rohkostsalat	◯ ______
Passieren einer Gemüsegrundbrühe	◯ ______
Kneten eines Pizzateigs	◯ ______
Herstellen von selbst gemachtem Babybrei	◯ ______
Zerkleinern von frischen Kräutern zur Garnitur	◯ ______
Herstellen von Kartoffelbrei	◯ ______
Kartoffeln dünn schälen, um Vitamine zu schonen	◯ ______
Vorsichtiges Unterheben von Eischnee unter eine Masse	◯ ______
Schneiden von Obst und Gemüse	◯ ______
Entfernen des Kerngehäuses beim Apfel	◯ ______

2. Benennen und erläutern Sie die zwei Handhabungen von Küchenmessern.

1. ______________________________

____

____

____

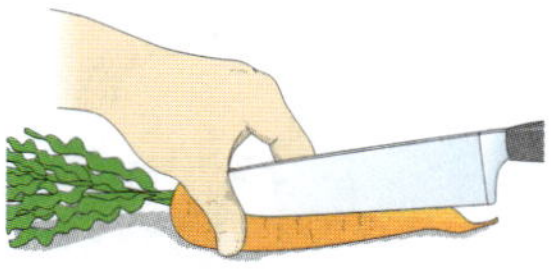

2. ______________________________

____

____

____

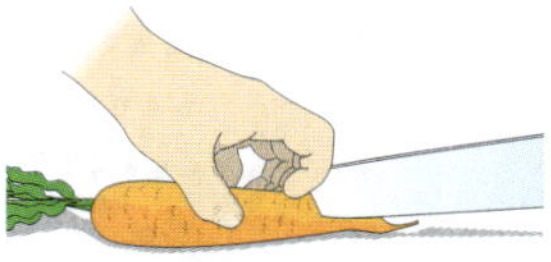

Geräte und Geschirr zum Garen

Zum Backen, Kochen und Braten bedarf es der Grundausstattung an Formen, Pfannen und Töpfen sowie Gargeräten wie Herd, Backofen und Mikrowelle. Man sollte sie zweckentsprechend, energiesparend und nährstoffschonend einsetzen.

1. Ergänzen Sie mithilfe der Bilder die fehlenden Regeln beim Einsatz von Kochgeschirr bzw. die fehlenden Begründungen.

	Regel	**Begründung**
	Töpfe der Größe der Herdplatte anpassen.	
		Das spart Zeit und Energie.
	Topf mit passendem Deckel verschließen.	
		Das spart Energie und es kocht nichts über.
		Die schützende Beschichtung wird zerkratzt. Man benötigt mehr Fett und die Speisen kleben fest und brennen schneller an.

Besonders bei Gargeräten sollten Sie vor deren Nutzung die Bedienungsanleitung sorgfältig studieren. Das spart Zeit und Energie, vermeidet Fehler im Umgang und bei der Zubereitung und schont nicht nur das Gerät, sondern auch Ihre Nerven.

In der Bedienungsanleitung für einen Elektro-Herd informieren Sie sich über die Bedienung der Kochstellenschalter und die Anwendung der Kennzahlen auf den Schaltern. Sie finden folgende Angaben:

Kennzahl		
0	Aus-Stellung:	Nutzung der Nachwärme
1–3	Quellbereich:	Quellen, Garziehen, Warmhalten, Fortkochen
4–6	Kochbereich:	Fortkochen größerer Mengen, Braten und Weiterbraten
7–9	Bratbereich:	Ankochen, Anbraten und Braten auf hoher Leistung

2. Kreuzen Sie nun die richtige Schalterstellung zu den jeweiligen Anwendungsbeispielen an.

Anwendungsbeispiel	**Schalterstellung für die Kochplatte** 1–3	4–6	7–9
Fortkochen von Kartoffeln	○	○	○
Warmhalten von Suppe	○	○	○
Anbraten von Schnitzel	○	○	○
Ankochen von Kartoffeln	○	○	○
Garziehen von Klößen	○	○	○
Fortbraten von Schnitzeln	○	○	○
Quellen von Milchreis	○	○	○

3. Benennen Sie die Heizart des Backofens bei folgenden Funktionseinstellungen. Nennen Sie jeweils ein Zubereitungsbeispiel.

Funktionseinstellung	**Symbol**	**Beispiel**
______________________		______________________
______________________		______________________
______________________		______________________

8.5 Speisenherstellung

Grundtechniken

Auf den folgenden Seiten finden sich die wichtigsten Grundtechniken zur Vorbereitung und Bearbeitung von Lebensmitteln zur Speisenherstellung. Lösen Sie mithilfe der Bilder die Aufgaben.

1. Beantworten Sie die Fragen zu den einzelnen Vorbereitungstechniken.

Lebensmittel sollten möglichst unzerkleinert und kurz gewaschen werden. Begründen Sie diese Empfehlung.

Erläutern Sie den Unterschied zwischen Waschen und Wässern.

Warum werden Lebensmittel eingeweicht? Weshalb sollte man das Einweichwasser mitverwenden?

Putzen, Waschen und Schälen dienen dem Entfernen unerwünschter Bestandteile.

Beim Waschen wird ______ entfernt.

Putzen dient dem Entfernen wertloser, welker, ______

Teile, z. B. ______.

Mit dem Schälen entfernt man ______ oder

______ Schichten.

Warum sollten Obst und Gemüse dünn geschält werden?

2. Benennen Sie die folgenden Zerkleinerungstechniken und geben Sie jeweils ein Beispiel an.

____

z. B. ________________

____

____

____

____

z. B. ________________

____

____

____

____

z. B. ________________

____

____

____

____

z. B. ________________

____

____

____

____

z. B. ________________

____

____

____

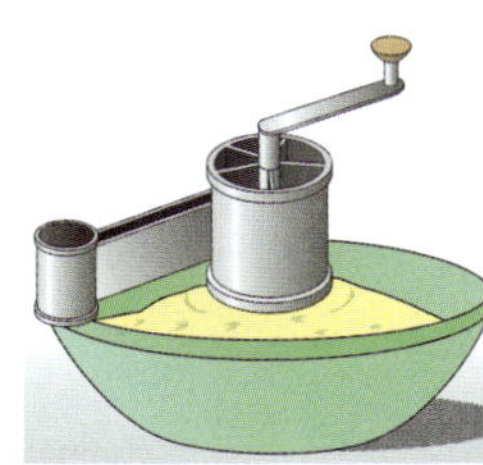

____

z. B. ________________

____

____

____

____

z. B. ________________

____

____

____

____

z. B. ________________

____

____

____

3. Erläutern Sie die Techniken zum Mischen von Lebensmittel und geben Sie jeweils ein Beispiel an.

Rühren

____

____

____

z. B. ______________________________

Mixen

____

____

____

z. B. ______________________________

Kneten

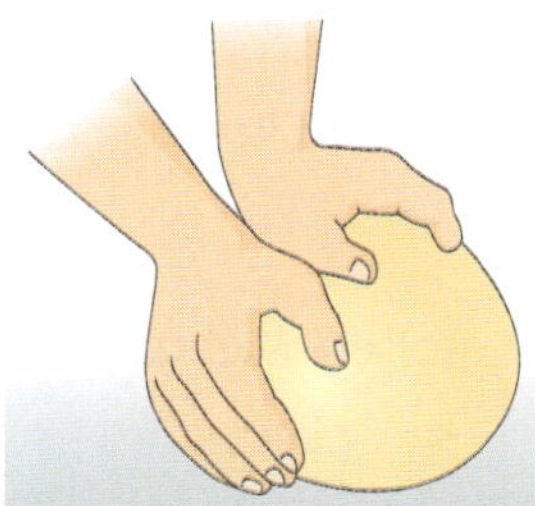

____

____

____

z. B. ______________________________

Schlagen

____

____

____

z. B. ______________________________

Unterheben

____

____

____

z. B. ______________________________

Garverfahren

Viele Lebensmittel werden erst durch das Garen genießbar oder besser verdaulich. Außerdem bilden sich beim Garen Aroma- und Geschmacksstoffe.

1. Finden Sie mithilfe der Erklärungen die verschiedenen Garverfahren, die bei der Zubereitung von Lebensmitteln Anwendung finden, und tragen Sie diese ins Buchstabengitter ein.

1. ______________________ ist das Erweichen eines Lebensmittels in einem warmen Wasserbad.
2. Beim ______________________ wird in wenig Fett und etwas Flüssigkeit gegart.
3. Die Speisen werden beim ______________________ durch die sie umgebende heiße Luft gar.
4. Massen verfestigen sich beim ______________________ in einem Gefäß, das von siedendem Wasser umgeben ist.
5. Das ______________________ kombiniert zwei Garverfahren. Erst wird gebraten und dann fortgekocht.
6. ______________________ ist Garen in viel siedender Flüssigkeit.
7. Zum ______________________ von Lebensmitteln darf die Flüssigkeit nicht kochen. Die Gartemperatur liegt unter 100 °C.
8. Zum ______________________ wird das Lebensmittel in einer großen Menge sehr heißem Fett gegart.
9. Beim Braten und ______________________ wird das Bratgut bei großer Hitze angebraten und dann fortgebraten.
10. ______________________ ist ein schonendes Garverfahren, bei dem heißer Wasserdampf das Gargut umgibt.
11. Beim ______________________ wird das Lebensmittel bei sehr hohen Temperaturen gebräunt und gegart.

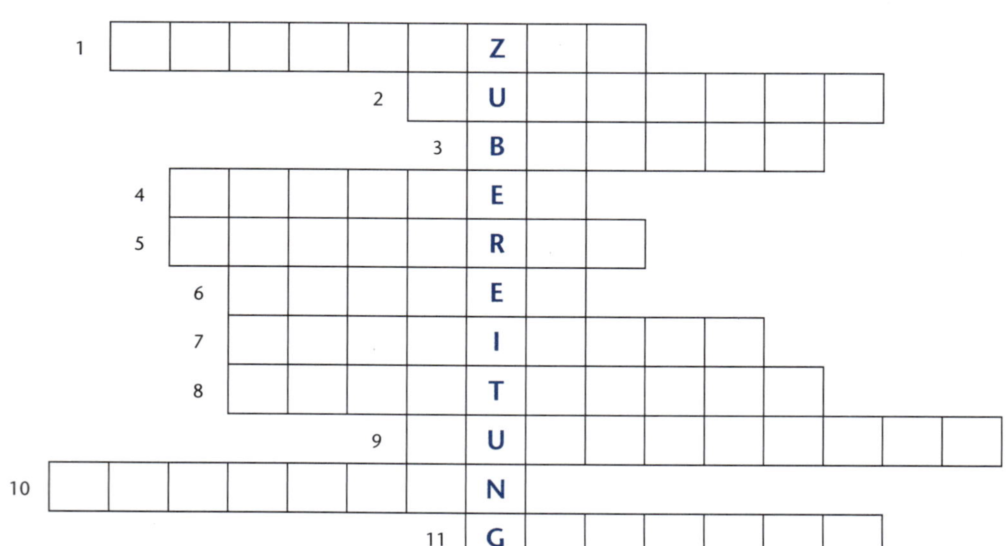

2. Ordnen Sie die Garverfahren aus Aufgabe 1 der zugehörigen Gruppe in der Tabelle zu und finden Sie je zwei Lebensmittelbeispiele, die sich für die einzelnen Garverfahren eignen.

Garverfahren in feuchter Wärme	Lebensmittelbeispiele	Garverfahren in trockener Wärme	Lebensmittelbeispiele

8.6 Reinigungsarbeiten in der Küche

Die Arbeit in der Küche endet nicht mit den fertig zubereiteten Gerichten. Abschließende Aufräum- und Säuberungsarbeiten stehen an, und wenn alle Speisen verzehrt sind, will der Abwasch auch noch erledigt werden. Die regelmäßige Reinigung von Vorratsräumen und Schränken gehört außerdem zu einer guten Küchenhygiene.

1. ***Nach dem Kindergartenfrühstück sind Sie an der Reihe mit dem Abwasch. Trinkbecher, Kindergeschirr und -besteck, Frühstücksbrettchen, Schüsseln und Getränkekaraffen aus Glas fallen an. Beschreiben Sie den Arbeitsablauf beim Abwaschen per Hand.***

1 Vorbereitung

2 Abwasch

3 Nacharbeit

2. *Nach dem Abwasch sollen Sie den Kühlschrank gründlich reinigen. Bringen Sie die folgenden Arbeitsschritte in die richtige Reihenfolge, indem Sie diese von 1 bis 10 nummerieren.*

◯ Alle Lebensmittel ausräumen und an einen kühlen Ort stellen.

◯ Fächer und Ablagen herausnehmen und in der Spüle reinigen, nachspülen und trocknen.

◯ Arbeitsgeräte und Hilfsmittel für die Kühlschrankreinigung bereitstellen.

◯ Kühlgerät ausschalten und Netzstecker ziehen.

◯ Den Innenraum des Kühlschranks von oben nach unten mit Spülwasserlösung reinigen.

◯ Die Kühlschranktür außen mit Spülwasserlösung reinigen, klar nachwischen und trocknen.

◯ Den Kühlschrankinnenraum mit Essigwasser auswischen und trocken reiben.

◯ Gerät einschalten.

◯ Fächer und Ablagen in den Kühlschrank einsetzen.

◯ Waren wieder einsortieren.

3. Am Ende Ihrer Arbeit ist noch der Küchenboden zu säubern. Er ist sehr schmutzig. Welche Reinigungsgerätschaften kommen infrage? Geben Sie Nummer und Name des Gegenstands an.

①

②

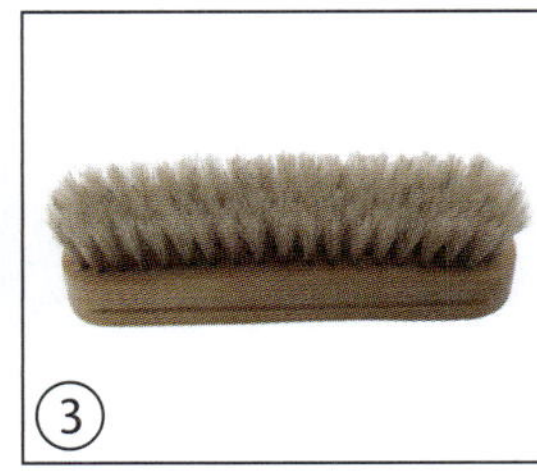
③

④

⑤

⑥

⑦

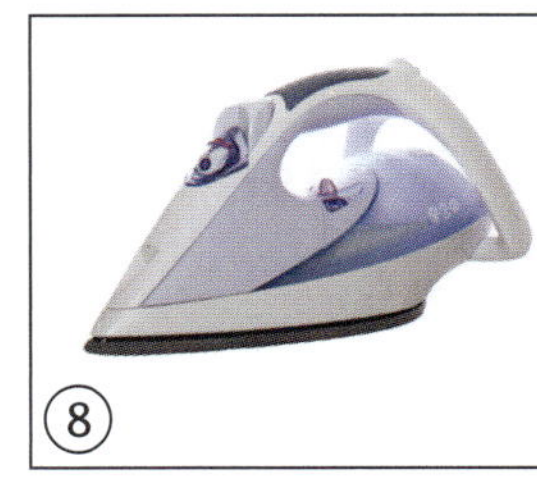
⑧

⑨

⑩

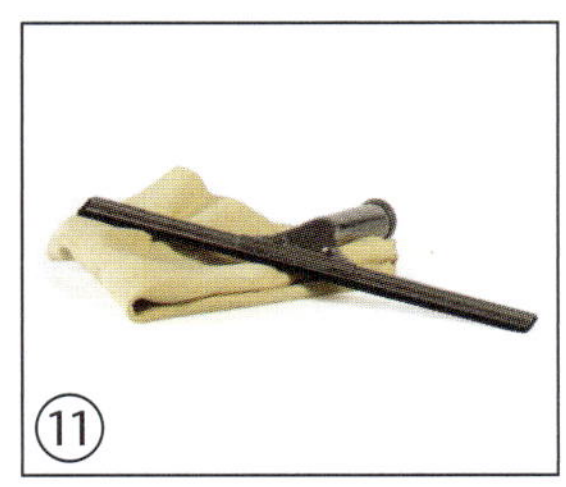
⑪

○ ____________________ ○ ____________________
○ ____________________ ○ ____________________
○ ____________________ ○ ____________________

4. Zeichnen Sie in die Fläche den Bewegungsablauf beim Reinigen des Fußbodens.

Abfallbeseitigung

Auch in der Küche entstehen Abfälle. Mit einem bewussten Verhalten können Sie die Menge reduzieren. So sparen Sie nicht nur Entsorgungskosten, sondern schonen auch die Umwelt. Die trotz allem anfallenden Abfälle sollten Sie sachgerecht trennen.

1. Nennen Sie fünf Möglichkeiten, wie Sie Abfall in der Küche vermeiden bzw. minimieren können.

1. ______________________________
2. ______________________________
3. ______________________________
4. ______________________________
5. ______________________________

2. „Entsorgen" Sie folgende Abfälle, die bei der Küchenarbeit entstanden sind, in die richtige Tonne: Joghurtbecher – Marmeladenglas – Milchkartons – Gemüsekonserven – Apfelreste – Angebotskatalog – Babygläser – welke Salatblätter – Kehricht – Umkarton – alte Einkaufslisten – leere Essigflasche – Hühnerknochen – verdorbene Wurstscheiben – Kartoffelschalen.

Gelbe Tonne

____

____

____

Papiertonne

____

____

____

Restmülltonne

____

____

____

Glascontainer

____

____

____

Biotonne

____

____

____

9 Tischlein deck dich

9.1 Haushaltswäsche für Tisch und Küche

Für die Arbeit in der Küche und für einen gedeckten Tisch werden verschiedene Textilien benötigt.

1. Finden Sie Beispiele für die beiden Wäschearten im Haushalt. Die Bilder geben Ihnen Anregungen.

Küchenwäsche	Tischwäsche

Textilien, die wir in der Küche und für den Esstisch nutzen, werden sehr in Anspruch genommen und brauchen daher intensive Pflege. Sie sollten frisch, ansehnlich und hygienisch sauber sein.
Die Arbeit des Waschens selbst nimmt uns heute größtenteils die Waschmaschine ab. Trotzdem fällt Vor- und Nacharbeit beim Waschen an.

2. Stellen Sie die folgenden Tätigkeiten in einem Kreislauf in der richtigen Abfolge dar (siehe nächste Seite). Geben Sie jeweils einen Hinweis, was bei der Tätigkeit zu beachten ist:
Wäsche ausbessern – Wäsche vorbehandeln – Wäsche nutzen – Schmutzwäsche sammeln – Wäsche glätten – Wäsche waschen – Wäsche zusammenlegen – Wäsche sortieren – Wäsche wegräumen.

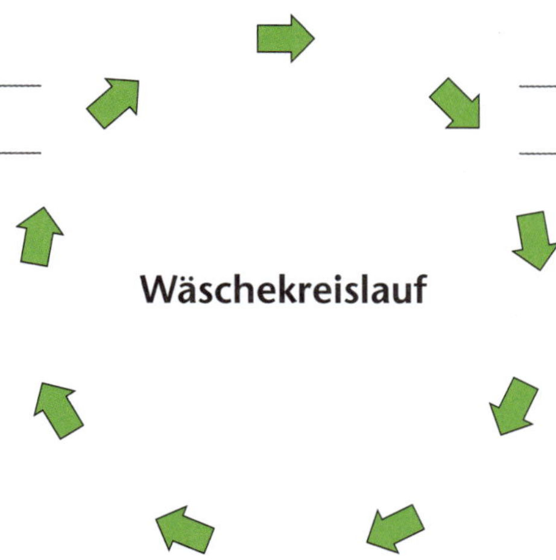

Für eine saubere Wäsche, eine lange Haltbarkeit der Stoffe und den richtigen Einsatz von Waschmitteln muss man die Pflegekennzeichnung der Textilien kennen. Sie gibt Auskunft über die verschiedenen Waschverfahren, Waschtemperaturen und Pflegemöglichkeiten eines Wäschestücks.

3. Benennen Sie die folgenden Symbole. Welchen Pflegehinweis geben Sie Ihnen?

Pflegekennzeichen

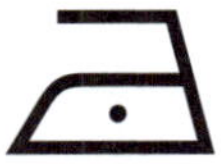

9.2 Tischdekorationen

Das Auge isst bekanntlich mit und an einem schön gedeckten Tisch schmeckt es gleich noch mal so gut. Um einen Tisch besonders zu schmücken, gibt es viele Gegenstände, Materialien und Textilien, die Sie hierzu nutzen können.

Finden Sie im folgenden Buchstabengitter 20 verschiedene Dinge, die zu einem gedeckten Tisch gehören können. Notieren Sie alle.

T	I	S	C	H	T	U	C	H	Z	Y	X	T	H	R	E	D	N	Ä	B
I	R	P	R	T	Z	U	Q	A	S	D	W	B	N	M	Y	X	C	B	L
S	T	E	A	M	I	T	T	E	L	D	E	C	K	E	R	Y	G	G	U
C	Z	I	S	T	R	E	E	E	R	T	I	T	Z	U	I	O	P	Ü	M
H	Z	S	D	S	A	A	E	D	F	G	N	Q	Q	W	E	V	A	S	E
L	U	E	F	D	F	G	L	E	R	T	L	A	S	S	G	G	H	H	N
Ä	I	K	G	S	D	F	I	Q	W	E	A	R	T	Z	H	A	S	D	G
U	O	A	H	T	I	S	C	H	L	E	U	C	H	T	E	N	R	R	E
F	P	R	J	H	J	K	H	L	Ö	Ä	B	V	B	N	M	Y	X	X	S
E	Ü	T	K	W	E	T	T		I	T	T	E	F	N	O	K	T	T	T
R	Ä	E	L	Y	X	C	V	B	N	M	J	H	G	F	D	S	Z	Z	E
Q	M	N	Ö	T	I	S	C	H	S	E	T	R	T	K	Y	X	U	U	C
R	N	Ä	Ö	Ö	Ä	L	K	J	H	G	F	D	F	E	Y	Q	G	I	K
R	N	A	M	E	N	S	S	C	H	I	L	D	E	R	R	T	I	O	X
I	Q	W	E	R	T	Z	U	I	O	P	Ü	A	S	Z	Ä	Ö	R	P	Y
H	E	R	T	Z	Y	R	E	T	T	Ä	L	B	N	E	T	Ü	L	B	Ä
C	F	F	U	O	Ä	L	K	J	H	G	F	D	S	N	R	Y	A	Q	X
S	G	G	J	B	Ö	D	F	G	H	J	K	L	Ö	Ä	Ü	P	N	K	L
E	H	H	I	S	I	B	R	Ü	K	S	A	Q	W	E	R	T	D	O	P
G	N	N	K	T	Y	X	C	V	B	K	A	S	T	A	N	I	E	N	Y

9.3 Grundregeln für die Tischgestaltung

Für das Eindecken eines Tisches mit dem notwendigen Besteck und Geschirr für die jeweilige Mahlzeit gibt es feste Grundregeln. Auf den folgenden Bildern wurde einiges falsch gemacht.

Kennzeichnen Sie die Fehler. Beschreiben Sie, wie jeweils richtig gedeckt wird.

Bildquellenverzeichnis

Angelika Brauner, Hohenpeißenberg/ Bildungsverlag EINS GmbH, Köln: S. 26.2, 37, 38, 52, 60.1, 72.1, 72.2, 73 (alle), 74, 75 (alle), 76 (alle), 77 (alle), 87 (alle)
Bildungsverlag Eins, Köln: S. 35 (2x)
BilderBoxBildagentur GmbH, Thening: S. 42.1
Fotolia Deutschland GmbH, Berlin: S. 5.1 (BlueOrange Studio), 5.2 (Dan Race), 5.3 (fankoppermann), 14 (Iculig), 19 (Ramón Lßopez), 21 (OOZ), 22.1 (cdrom), 22.2 (xmasbaby), 22.3 (Denis Dryashkin), 23.1 (Juri Samsonov), 23.2 (Kadmy), 23.3 (a4stockphotos), 23.4 (Dusan Zidar), 24 (vgstudio), 25.1 (Serhiy Kobyakov), 25.2 (goodluz), 27.2 (Andre B.), 27.3 (Tund), 27.4 (Andrea B.), 27.5 (Belinda), 27.6 (Schlierner), 27.7 (maksim masalski), 27.8 (Herbie), 27.9 (Tomboy2290), 27.10 (Birgit Reitz-Hofmann), 27.11 (anh pham), 27.12 (angelo.gi), 28 (VRD), 32.1 (Elena Schweitzer), 32.2 (Sergej Razvodovskij), 32.3 (contrastwerkstatt), 32.4 (Marco Mayer), 33 (PeJo), 36.1 (Zee), 36.2 (Carmen Steiner), 39.2 (manla), 39.3 (mdi), 42.2 (Elena Schweitzer), 42.3 (Ekatarina Fribus), 42.4 (Christian Jung), 42.5 (Dusan Zidar), 43.1 (gradt), 43.2 (lgbdigital.co.uk), 44 (Agnes von Friedberg), 45.2 (NICOLAS LARENTO), 49.1 (yanamako), 49.2 (Kysm), 49.3 (Kysm), 49.4 (Marina Gorskaya), 49.5 und 49.6 (sahua d), 49.7 (spinetta), 49.8 (vege), 49.9 (Svetlana Ev.), 55 (st-fotograf), 57 (Maya Kruchancova), 58-59 (alle), 60.3 (Prod. Númerik), 65 (gtranquility), 71.1 (ExQuisine), 71.2 (Silke Lorenz), 71.3 (womue), 71.4 (VRD), 71.5 (Food), 71.6 (Clara Dinand), 71.7 (Andreas Gradin), 71.8 (Le Do), 71.9 (Daniel Vöckler), 71.10 (M.R. Swadzba), 71.11 (womue), 79.2 (fredredhat), 80 (lightpoet), 81.1 (helix), 81.2 (JPC-PROD), 82.1 (shutswis), 82.2 (artivista), 82.3 (dyvan), 82.4 (fefufoto), 82.5 (terex), 82.6 (lubashi), 82.7 (Elnur), 82.8 (Maxim Godkin), 82.9 (Vladimir Kolesnikov), 82.10 (Sergey), 82.11 (Teamarbeit), 83 (Joachim Schiermeyer), 84.1 (travelguide), 84.2 (Meliha Gojak), 84.3 (Picture-Factory), 84.4 (Kathy Burns-Millyard)
GINETEX Germany, Köln: S. 85 (alle)
Hendrik Kranenberg, Drolshagen/ Bildungsverlag EINS GmbH, Köln: S. 16
istock, Canada: S. 43.3
Katja Krüger-Stolp, Zittau: S. 29
MEV Verlags GmbH, Augsburg: S. 26.1, 39.1, 45.1, 79.1
picture-alliance/Frank May: S. 46
picture-alliance/Image Source: S. 60.2
picture-alliance/Design Pics: S. 61.3

Umschlagfoto: Christian Schlüter, Essen/ Bildungsverlag EINS GmbH, Köln